ANOREXIA
Y
BULIMIA

1a. edición, junio 2003.
2a. edición, octubre 2004.

© *Anorexia y Bulimia*

© Derechos de edición y traducción cedidos por:
Latinoamericana Editora S.A., Bueno Aires, Argentina.

© 2004, Grupo Editorial Tomo, S.A. de C.V.
Nicolás San Juan 1043, Col. Del Valle
03100 México, D.F.
Tels. 5575-6615, 5575-8701 y 5575-0186
Fax. 5575-6695
http://www.grupotomo.com.mx
ISBN: 970-666-741-5
Miembro de la Cámara Nacional
de la Industria Editorial No 2961

Diseño de Portada: Trilce Romero
Supervisor de producción: Leonardo Figueroa

Ninguna parte de esta publicación podrá ser reproducida
o transmitida en cualquier forma, o por cualquier medio
electrónico o mecánico, incluyendo fotocopiado, cassette, etc.,
sin autorización por escrito del editor titular del Copyright.

Impreso en México - *Printed in Mexico*

Sección 1

Cómo detectarla

Introducción

Enfermedades "de moda"

Desde Twiggy en los años 60 hasta Kate Moss en la actualidad, la historia de la moda siempre mostró mujeres casi esqueléticas como paradigma de la belleza.

Este mensaje de los medios masivos que asegura *"para ser hermosa debes ser muy flaca"* es lo que desencadenó esta especie de epidemia entre los adolescentes traducida en bulimia y anorexia, dos patologías que, pardójicamente, se han puesto de moda.

En efecto, palabras como bulimia y anorexia ya no son términos desconocidos para el común de la gente. La amplia difusión que ha cobrado el tema de los trastornos alimentarios en todos los medios de comunicación -alertados por el crecimiento en los últimos diez años de estas enfermedades de la conducta en nuestra sociedad- ha contribuido a que todo el mundo tenga una vaga idea de qué trata el asunto.

Pero precisamente por ser *"vaga"* la información de que disponemos no alcanza para responder a la pregunta que se nos plantea concretamente cuando sospechamos que el problema puede tocarnos de cerca: ¿Qué hacer?

En principio tengamos en cuenta que las conductas poco razonables respecto de la alimentación no son patrimonio de *"las bulímicas"* o *"las anoréxicas"*. Quien más, quien menos, muchas personas alguna vez han experimentado la sensación de culpa consecuente a haber cometido un exceso con la comida y todas las mujeres en cierto momento se dejaron invadir por la fantasía de tener el físico y el éxito de una modelo top. Pero al día siguiente se olvidan y siguen adelante con su vida de todos los días.

Muchos adolescentes, sin embargo, se toman al pie de la letra el mensaje emitido desde el mercado de consumo y la publicidad que asocia delgadez a éxito social. Un mensaje falso que puede llegar a ser tomado como respuesta, cuando faltan otras mejores, para las preguntas que rondan en la cabeza de todos los jóvenes: *"¿quién soy? ¿qué quiero?"*.

En efecto, los adolescentes son el campo fértil para el surgimiento de los trastornos alimentarios -y en realidad de cualquier tipo de alteración de la conducta- precisamente por encontrarse en una etapa de cambios en su vida que los coloca en una posición donde se sienten vulnerables. Ocupados en la difícil tarea de *"romper el cascarón"*, asustados por los cambios corporales, la necesidad de incorporar a su vida el aspecto sexual, la búsqueda por definir una vocación profesional debatiéndose entre los propios deseos -que aún les cuesta reconocer- y los deseos de los padres -que difícilmente coinciden con los propios- y luchando por constituir su identidad futura.

En las páginas que siguen el lector encontrará una explicación minuciosa acerca de todos los aspectos -psicológicos, clínicos y nutricionales- que deben considerarse al enfrentar un problema alimentario, tanto de un familiar, como propio; y las respuestas a todas las dudas sobre los riesgos de esta enfermedad. En el apéndice de este mismo libro, hallará una guía de los mejores centros de tratamiento especializados en problemas de alimentación de varios países, tanto públicos como privados, para que sepa adónde recurrir en caso de necesitar ayuda personal.

Capítulo 1

Adictos a las dietas

En los últimos diez años fue creciendo cada vez más el número de personas que se hacen adictas a las dietas y a los atracones. Son mujeres que tienen entre 11 y 18 años -el comienzo y el final de la adolescencia- aunque el problema puede continuar sin ser detectado hasta los 25 años.

En mucha menor proporción la enfermedad afecta a los varones, aunque las estadísticas demuestran que este grupo va en aumento. Hasta hace cinco años un 5% de personas con trastornos alimentarios eran hombres y hoy ya son el 10%. No es raro que esto suceda, ya que también está creciendo la presión social acerca del físico masculino, que lleva a confundir los valores: el saludable interés de los hombres por verse bien puede terminar, al igual que para muchas mujeres, convirtiéndose en una obsesión que ocupa el lugar principal de su vida.

Pero vayamos por partes. Tratemos de entender en principio cómo surge la adicción a las dietas, que es la puerta de entrada a los trastornos de la alimentación.

La delgadez está asociada a la habilidad para triunfar. Este mensaje sutil es francamente evidente en las publicidades de productos dietéticos y comidas *"light"* como yogures y productos de tocador, incluyendo el maquillaje y hasta las nuevas líneas cosméticas para hombres. El mensaje es que todo aspirante a triunfador debería verse como el/la modelo del aviso para conseguir su objetivo. La ironía de esta comparación es que las fotos publicitarias donde los modelos se ven realmente fantásticos muchas veces están retocadas para corregir imperfecciones. No es raro que una buena impresión gráfica elimine estrías, rollitos y hasta flaccideces. Por lo tanto no se aspira a ser como el modelo en persona sino como una imagen *"espectral"* que es la que nos llega a través de la gráfica de una publicidad o de la pantalla del televisor. Quien aspira a parecerse a la o el modelo, se somete a sí mismo a un camino sin salida porque su modelo a imitar no es humano ni real. La que se persigue, es una imagen vacía sin emociones y sin forma. ¿Nunca le pasó toparse con una figura a la que admiraba y decir *"Ah, pero no es tan alto como parece"*, o *"es más gordita que en las fotos"* o *"No pensé que podía ser tan tímido"*? Esta es la prueba de que la mayoría de las veces aceptamos pasivamente la realidad ilusoria que nos ofrecen los medios de comunicación. Pero la culpa no es toda de los medios. Muchos de nosotros actuamos como cómplices sin tomarnos siquiera el trabajo de poner un filtro entre la realidad que nos venden y aquella que compramos.

POR QUE LAS DIETAS

La dieta -una de las prácticas medicinales más antiguas para lograr la salud del organismo- es utilizada muchas veces como un cosmético más. Algo que se puede colocar sobre el cuerpo para uniformarlo y ser igual a los demás. Los demás son por supuesto, los modelos. El culto a la delgadez es una práctica esclavizante que puede llevar a ofrecer la propia vida.

Una investigación efectuada por expertos de la Universidad Estatal de Arizona, en los Estados Unidos, demostró que efectivamente, los medios influencian a los jóvenes.

Se encuestaron 238 mujeres adolescentes, preguntándoles acerca del tiempo que dedicaron en el último mes a leer revistas de salud, modas, espectáculos y cuántas horas insumieron en mirar televisión.

Las chicas también contestaron acerca de la importancia de la silueta en sus vidas, la opinión de cada una de ellas sobre sus propios cuerpos y si alguna vez había tenido algún tipo de desorden alimentario.

Los resultados no hicieron más que confirmar lo que todo el mundo supone: muchas veces los adolescentes se saturan con las informaciones transmitidas a través de los medios masivos de comunicación sin detenerse a procesarla. Hacen cuanta dieta aparece en las revistas, sobre todo las recomendadas por modelos y actores famosos sin ningún aval científico y se compran todo tipo de productos adelgazantes que prometen perder una cantidad inverosímil de kilos en dos días. Se internan en el camino de las *"dietas revolucionarias"* desoyendo todo criterio razonable en pos del objetivo de adelgazar a cualquier costo.

EL CUERPO Y LA SICOLOGIA ESTETICA

Cada época histórica está signada por un modelo estético del cuerpo basado en determinados estereotipos e ideales que marcan el límite entre lo bello y lo que no lo es. Debido a los ideales sicosociales vigentes sobre la belleza femenina, muchas mujeres jóvenes tienen un fuerte deseo de estar más delgadas de lo que su cuerpo tiende a ser naturalmente.

Lo que muchos se preguntan es si realmente el lugar que se le da a la belleza en la cultura, es lo que ha hecho aumentar estas enfermedades entre los adolescentes. Y todo hace suponer que la respuesta es *"sí"*. Los medios de comunicación tienen la particularidad de ser los trasmisores de las ideas predominantes en una cultura, por lo que no es desacertado atribuirles gran parte de la responsabilidad en el asunto. Pero, como veremos más adelante, no toda, porque entonces habría que esperar que todo el mundo sufriese bulimia o anorexia y esto no es así. Cada afectado por esta enfermedad reúne además una serie de factores predisponentes que es posible atacar y modificar para vencerla definitivamente.

Capítulo 2

Los trastornos alimentarios

Los desórdenes del comportamiento alimentario o los trastornos de la alimentación, designados bajo los términos de anorexia nerviosa y bulimia nerviosa, donde se intercalan fases de rechazo a la comida con fases de glotonería, son alteraciones de la personalidad que se manifiestan en la relación con los alimentos.

La crisis de bulimia se caracteriza por una ingesta incontrolable de alimentos. Tal como lo indica el nombre de esta enfermedad (del griego *"bulimy"*: hambre de buey), quien la padece es capaz de incorporar una cantidad desmedida de alimentos, por lo general muy ricos en calorías, en forma rápida y, en la mayoría de los casos, a escondidas.

Cuando ocurre la crisis de bulimia, la cantidad de alimentos que se come así como la velocidad con que estos se ingieren son incontrolables.

El atracón es siempre excesivo y desafía todas las normas alimentarias.

La bulímica tiene compulsiones reiteradas que adquieren el carácter de hábito. Estos episodios pueden durar muchas horas y generalmente suceden por la noche cuando nadie está observando.

El acceso bulímico puede aparecer luego de un período de ayuno o por el contrario, después de una comida en la que el individuo sometido a dieta se privó de ingerir un alimento que deseaba.

No importa qué, no importa cuándo, no importa dónde: en cualquier momento y en cualquier lugar puede sobrevenir la necesidad de darse un atracón. Aun en plena madrugada las víctimas de la bulimia pueden llegar a hacer cualquier cosa por encontrar un negocio de comidas abierto y aplacar sus ganas de devorar. E incluso, en casos extremos, son capaces de pagar precios muy altos por lo que quieren engullir y en algunos casos llegan a robarlo.

La anorexia y la bulimia no son dos enfermedades diferentes. Ambas son las manifestaciones del mismo disturbio sicológico, que es el trastorno alimentario. Motivado por el intenso temor a engordar, el individuo adopta actitudes patológicas en relación a la comida, que se convierte en una obsesión permanente. En todos los casos la primera manifestación de la patología es el inicio de una dieta por decisión propia, aun cuando no exista un sobrepeso que la justifique.

Una decisión aparentemente inocente, adoptada por la moda, o por un supuesto interés en querer *"verse bien"*, puede llevar a consecuencias serias: agravamiento del estado de salud -en los casos más extremos la pérdida de peso corporal puede llevar a la muerte o la depresión que acompaña a esta enfermedad, al suicidio- problemas en el colegio, en el trabajo, con la familia y con la sociedad, pérdida de autoestima, deterioro de la personalidad, dificultad para lograr la independencia de la familia e imposibilidad de encontrar una inserción social adecuada.

Como se trata de una enfermedad que puede durar años hasta que se detecta, la persona que padece el trastorno alimentario suele pasar de un período bulímico a un período anoréxico, pero también puede permanecer en un solo polo de la enfermedad. La incidencia de la bulimia es mayor que la de la anorexia: hay cuatro bulímicos por cada anoréxico.

En cada caso difieren los comportamientos, algunos

rasgos fisiológicos y las alteraciones del carácter de la persona que lo padece. Veamos sus similitudes y diferencias:

ANOREXIA: CONDUCTA ALIMENTARIA RESTRICTIVA

Conductas características

- Prohibirse ciertos alimentos, comer poco y nada, realizar dietas muy severas.
- Rituales obsesivos con la comida como vivir contando las calorías, desmenuzar los alimentos en porciones muy pequeñas, preparar comida para otras personas y negarse a comerla, etcétera.
- Temor intenso a engordar. Mantener el peso corporal por debajo de los valores normales.
- Miedo de verse obligado a comer en ciertas ocasiones como fiestas de cumpleaños, celebraciones y reuniones sociales.
- Actividad física excesiva.
- Taparse el cuerpo con ropa muy holgada. Negación a mostrarse en traje de baño.
- A veces se realizan ingestas compulsivas de comida -*atracones*- luego de lo cual aparecen conductas compensatorias como vómito y uso de laxantes o diuréticos para eliminar lo ingerido.
- Abuso de edulcorantes.

Signos fisiológicos

- Pérdida de peso significativa, generalmente en un tiempo corto.
- Falta de menstruación que no se atribuye a ningún problema ginecológico.
- Palidez, excesiva sensibilidad al frío.
- Debilidad y mareos.

Cambio de actitudes

- Alteraciones en el carácter: irritabilidad, ira.

- Inseguridad sobre las propias capacidades.
- Sentimiento de culpa y autodesprecio por el hecho de haber comido o por haber dejado de hacerlo.
- Aislamiento social.

BULIMIA: EL HAMBRE INCONTROLABLE

Conductas características

- Preocupación constante acerca de la comida. Las conversaciones suelen girar alrededor de ciertos temas recurrentes: el peso, las calorías, la comida, la dieta.
- Atracones, se traga la comida en forma compulsiva, se come a escondidas.
- Miedo a engordar.
- Se evitan las situaciones donde se pueda ver socialmente incitado a comer: restaurantes, reuniones y fiestas.
- Visitas al baño después de terminar de comer.
- Vómitos autoprovocados, abuso de laxantes y/o diuréticos.
- Consumo de medicamentos adelgazantes.
- Regímenes rigurosos.
- Abuso de edulcorantes.

Signos fisiológicos

- Engrosamiento de las glándulas localizadas en el cuello.
- Pequeñas roturas vasculares en las mejillas y debajo de los ojos.
- Garganta irritada.
- Fatiga y dolores musculares.
- Pérdida de piezas dentarias.
- Oscilaciones en el peso.

Cambio de actitudes

- Cambio de carácter: depresión, sentimientos de

culpa, odio hacia sí mismo, tristeza.
- Severa autocrítica.
- Necesidad de recibir la aprobación de los demás.
- La autoestima varía en función del aumento o reducción del peso corporal.

   Los riesgos del trastorno alimentario son proporcionales a la intensidad y a la duración de la enfermedad en cada persona. De ello se deduce que cuanto más temprano se detecte y se comience a tratar hay mayores posibilidades de resolver el problema en poco tiempo. Incluso a muchas personas que recién están comenzando a tener o sólo tienen algunos de los comportamientos que caracterizan a la enfermedad -que se incluyen en una tercera categoría de los trastornos alimentarios, llamada *"trastornos de la alimentación no especificados"*- se las puede detener con sólo hacerles conocer la información para que tomen conciencia de los riesgos a los que puede inducir la persistencia en dichas conductas. Lamentablemente son pocas las personas que se dan cuenta a tiempo. Hacer dieta está avalado por una sociedad de consumo que propugna la delgadez extrema como síntoma saludable. Para muchos, hacer una dieta adelgazante es un fin en sí mismo, más que un medio transitorio para alcanzar un peso normal.
   Después, cuando la enfermedad ya está instalada comienza un circuito autoperpetuante dieta-atracón-dieta, del que el individuo no puede evadirse por sí solo. Es entonces cuando los riesgos comienzan a hacerse más evidentes y se decide que ha llegado el momento de ponerse en tratamiento.

Capítulo 3

El atracón: evadirse con comida

"*Sólo pienso en comer, comer y comer*", relata Silvina V. entre angustiada y avergonzada. "*A pesar del pánico que tengo a engordar hay veces que no logro controlar ese impulso que me lleva a meter en mi boca cualquier cosa comestible que pasa por mis manos. De repente me asalta una necesidad urgente de devorar y no puedo detenerme. Es como si en ese momento no supiera lo que estoy haciendo. Mi evasión de la realidad es total. Después, cuando paro y me doy cuenta de lo que hice, me pongo a llorar sin parar hasta que me quedo dormida*".

El temido atracón es una crisis en tres tiempos. Comienza por un corto período de excitación en que la persona experimenta un malestar indefinible, invasor, una sensación exagerada de hambre y una necesidad urgente de comer. La crisis puede desatarse por diversos factores: una desilusión, la soledad, la ingestión de alcohol o de medicamentos.

Repentinamente, entonces, aparece el acceso bulímico y la persona se arroja sobre los alimentos que se encuentren a su alcance, comidas que hacen engordar, que llenan rápidamente el estómago o platos fríos para comer al instante. El fin del atracón llega cuando ya no hay nada más para comer o cuando un tercero interrumpe.

Enseguida viene un período de profundo malestar en el que se tiene la sensación de hervir por dentro y de estar hinchado. Se siente dolor de estómago y puede llegar a sufrir dolor de cabeza y náuseas.

El malestar puede pasarse con el sueño o por el vómito provocado, que es una actitud tanto de autocastigo como de liberación, luego de la cual puede comenzar a comer de nuevo

Psicológicamente después de darse un atracón la persona se siente atacada por los remordimientos, la vergüenza, la culpabilidad y el enojo consigo misma.

Interiormente se vive como un desdoblamiento de la personalidad donde por un lado hay una persona que quiere adelgazar y por el otro, una que trasgrede ese propósito.

ENTENDER A LOS ATRACONES

El atracón no es un problema de gula ni de falta de voluntad. Hay aspectos psicológicos internos de cada persona en particular, hay circunstancias emocionales disparadoras, hay aspectos socioculturales y factores fisiológicos que pueden conducir a un bulímico al momento inevitable del atracón.

La recurrencia a los atracones desaparece una vez que el paciente empieza a hacer conscientes estos aspectos, deja de sentirse culpable y empieza a entender lo que le pasa. Dado este paso podrá implementar las técnicas para aprender a cambiar este hábito.

Una asistente a un grupo psicoeducativo de la ciudad de Buenos Aires, llamado La Casita, cuenta que en su recuperación fue importante entender por qué le sucedían los atracones ."Yo me enojaba mucho conmigo misma. No entendía por qué me asaltaba esa necesidad de comer desesperada. Me resultaba muy chocante aceptar que me pasaba algo. Lo que me ayudó a dejar de tener atracones fue entender lo que le pasaba a mi cuerpo, que mi cuerpo se había mal acostumbrado a eso y que me pedía que volviera a hacerlo. Me tranquilicé cuando aprendí que me podía pasar y cuando entendí que en la medida que yo hiciese el tratamiento, los atracones iban a ir desapareciendo, porque estaba aprendiendo que hay otras cosas más allá de la comida. El querer comer no siempre es por hambre, a veces uno recurre a la comida porque hay cosas que lo ponen ansioso. Hay que aprender otras formas de resolver la ansiedad y eso lo aprendí con el grupo".

TAPARSE CON COMIDA

Estos son algunos de los motivos más comunes que pueden conducir a los primeros bocados que terminan en un atracón.

- Ver a una modelo y compararse con ella. La pérdida de autoestima al ver que no se es nada parecida puede llevar a consolarse, paradójicamente, con algo dulce.
- La bronca por sacarse una mala nota en el colegio o por haber tenido una queja en el trabajo.
- La ansiedad frente a algo que se espera: una fiesta importante, un llamado telefónico, un examen, una entrevista laboral.
- La tristeza provocada por un rechazo de alguien del sexo opuesto o por una pelea familiar.
- El hambre acumulado durante días de ayuno.
- El haberse privado anteriormente de algo que deseaba comer -regalar un chocolate cuando se tiene ganas de comerlo, pedir una ensalada cuando todos los demás están comiendo pizza-.
- A veces se come para rebelarse ante el mundo por vivir en una sociedad donde se idealiza la belleza.

Capítulo 4

Cómo detectar un trastorno alimentario (TA)

La familia, los amigos cercanos y los maestros son los encargados de descubrir el problema cuando quien lo padece se niega a aceptar lo que le sucede.

¿Qué es lo que debe observarse para detectar una enfermedad de este tipo? En primer lugar se debe estar alerta a las actitudes frente a la comida, los signos físicos, el trato social y los aspectos de la personalidad del o la joven que puede estar sufriendo un trastorno alimentario. La presencia de algunos de los siguientes rasgos que describen los perfiles respectivos de un anoréxico o de un bulímico pueden dar la primera señal de que algo no anda bien.

PERFIL DEL ANOREXICO

Durante la anorexia hay falta de conciencia de la enfermedad, es decir, que el enfermo no reconoce su problema a pesar de la evidente pérdida de peso corporal. Una paciente recuperada que hoy tiene 22 años y está casada, describió este estado del siguiente modo:

"Como no soportaba el cambio del cuerpo que tuve a los catorce años empecé a adelgazar haciendo dieta. Al principio, como me sentía bien con el cuerpo pensaba que era normal. Pero después de un año quise estar más flaca y empecé a vomitar algunas veces hasta que empecé a hacerlo todos los días.

Entonces perdí ocho kilos en menos de un mes. Llegué a pesar 33 kilos pero me parecía normal. Mi mamá me quiso llevar muchas veces al médico pero yo me negaba a ir. Entonces seguí así muchísimos años. Me sentía muy sola... Estaba como en una irrealidad total... No entendía nada...".

El temor a engordar es tan intenso que controlar el peso corporal llega a convertirse en el principal objetivo de vida. Una frase como *"Prefiero morir antes que estar gorda"* no es una simple metáfora si quien la dice es una anoréxica.

Para colmo hay una profunda distorsión del esquema corporal, es decir, que a pesar de perder peso los anoréxicos se siguen viendo gordos. Llegan a creer que se les miente al decirles que están flacos o que están bien y se enojan si se les recomienda que dejen de bajar de peso. *"¿No ves que estoy hecho/a una vaca?"*, es la respuesta automática frente a este tipo de comentarios.

Físicamente además de la reducción de peso, puede observarse:

- Caída del cabello, piel seca, baja presión arterial (hipotensión), sensación de frío (hipotermia), mareos y pérdida de menstruaciones (amenorrea).
- La obsesión por los alimentos lleva a adoptar rituales personales en la forma de comer. Quienes sufren trastornos alimentarios pueden cortar los alimentos en porciones muy pequeñas y masticar muy lentamente bocados ínfimos antes de tragar. Eligen siempre porciones chicas, cuentan las calorías y llegan a tirar, escupir o esconder los alimentos si se las presiona a comer.
- En algunos casos pueden consumir laxantes, diuréticos o medicamentos adelgazantes y darse atracones.
- Son demasiado exigentes consigo mismos respecto del estudio o el trabajo y hasta en la forma de vestir.
- Dejan de fomentar encuentros sociales y prefieren cada vez más quedarse en casa antes que salir con amigos.
- El carácter se vuelve irritable, sufren depresión en un 40 a un 45% de los casos, adoptan conductas obsesi-

vas y rechazan la sexualidad.

• Muchas veces estos cambios se confunden con *"cosas de la adolescencia"* por los que los padres suponen que se pasará con el tiempo. El clásico pensamiento *"ya se le va a pasar"* no es la mejor decisión frente a un problema alimentario porque a medida que pasa el tiempo el problema se va acrecentando. Es mejor tomar una decisión firme al advertir las primeras señales de que algo está pasando.

PERFIL DEL BULIMICO

• Tienen episodios recurrentes de voracidad y a pesar de que se dan cuenta de que la ingesta es excesiva, en el momento del atracón tienen el sentimiento de no poder detenerse.

• En los bulímicos hay una mayor conciencia que en los anoréxicos de que el patrón alimentario no es normal, pero debido a los sentimientos de vergüenza por no poder controlar lo que les pasa, prefieren ocultarlo.

Suele haber oscilaciones significativas de peso (entre 5 y 20 kilos), aunque en la mayoría de los casos se mantiene relativamente constante. Como nadie en la casa parece notar si han subido o bajado dos kilos el problema puede pasar desapercibido por mucho tiempo.

• En vomitadores hay un deterioro y hasta pérdida de piezas dentarias debido a la alteración del pH de la boca.

• La mayoría de los bulímicos alternan con ciclos restrictivos y tienen conductas compensatorias como escupir después de masticar los alimentos, abuso de laxantes, abuso de líquidos para disfrazar el hambre y provocar el vómito.

• Hacen ayunos arguyendo que quieren *"desintoxicarse"* y practican actividad física en exceso para contrarrestar las consecuencias de una ingesta abundante.

• Comen rápidamente y cortan los alimentos en trozos grandes. Tragan la comida casi sin masticarla y eligen grandes porciones.

- Físicamente la bulimia es más difícil de detectar que la anorexia pero hay algunos rasgos físicos que se pueden observar: el engrosamiento glandular de la parótida (papada) es característica de los vomitadores y también pueden tener alteraciones del ciclo menstrual.
- Se sienten culpables por su comportamiento, su carácter tiende a ser desganado y se ponen irritables.
- Oscilan entre la autoexigencia y el abandono de sí mismos y pueden pasar de la euforia a la depresión. Tienen dificultades para llevar adelante las metas que se proponen y la obsesión por comer puede llevarlos a robar dinero para comprar comida.

Para Andrea, a los veinte años el haber sido bulímica es mucho más que un recuerdo de la adolescencia. *"Perdí muchas cosas en esa época: desde dos muelas y tres meses de menstruación, hasta las ganas de vivir. Fue cuando llegué al punto límite de querer matarme que me di cuenta de que no valía la pena y decidí empezar un tratamiento".*

ALGUNAS DIFERENCIAS	
Anorexia	**Bulimia**
- No hay conciencia de la enfermedad. - Se ve una progresiva pérdida de peso. - La persona se cree gorda. La percepción del propio cuerpo no coincide con la realidad. - Se rechazan los alimentos. - Comienza a cambiar el comportamiento. - No consulta al médico porque no se considera enfermo.	- Hay conciencia de la enfermedad pero se la oculta. - Generalmente no hay descenso notorio del peso. - Existe temor a engordar y culpa por comer excesivamente. - Tienen atracones: de repente los asalta una necesidad urgente de comer en forma descontrolada. - Hay signos físicos que evidencian las conductas purgativas: lesiones en los dientes, esófago y estómago. - Cuando consigue superar la vergüenza consulta al médico.

Capítulo 5

El terror a engordar

Una preocupación que se encuentra en todas las personas afectadas por un trastorno alimentario es el miedo a engordar y la búsqueda de la silueta ideal, que llega a constituirse en el principal objetivo de la vida. *"Lo único que me importa es estar flaca. Antes que ser gorda prefiero morir"*, se les escucha a menudo.

La imagen del propio cuerpo está generalmente distorsionada y desvalorizada. Como están eternamente insatisfechos por su peso y su cuerpo se pasan la vida siguiendo régimen tras régimen, completamente entregados a las dietas y padecen de hambre crónico. Alternan entre períodos de restricción alimentaria con ataques de bulimia, evitan todo lo posible las comidas regulares y les avergüenza comer en público.

Se sabe que el 70% de las personas que padecen bulimia tienen un peso normal, solamente un 15% son obesas mientras que el resto tiene un déficit ponderal (son muy delgadas).

En algunas el peso se mantiene constante y en otras presenta variaciones muy importantes que pueden ir hasta la adquisición de 20 kilos por semana, con las consecuencias graves que ello trae sobre el equilibrio fisiológico.

Quienes se mantienen en el polo de la anorexia pierden una cantidad importante de peso -más del 25%- en pocos meses a pesar de lo cual se siguen viendo gordas.

El temor a engordar en quienes sufren de bulimia y anorexia se manifiesta y se alimenta de un sinfín de falsas creencias y dobles mensajes en torno a la gordura, fundamentalmente transmitidas a través de la publicidad en general.

Desde los medios de comunicación las imágenes de bellas modelos publicitarias, mujeres excepcionalmente altas y delgadas no se limitan a transmitir *"compren el producto"*, que constituye el objetivo de todo comercial. Debajo de eso parecen estar enviando un mensaje que dice *"para atraer y tener éxito hay que ser flaca"*.

Los adolescentes que están luchando por definir su identidad e incorporar a su vida una serie de cambios donde la aceptación de los demás y la atracción sexual tienen un lugar fundamental, pueden llegar a encontrar en este mensaje un mandato cuya trasgresión determinará su fracaso en la vida.

Otro factor que contribuye al crecimiento del pánico a engordar es la importancia que se le da al aspecto físico en la propia familia. Algunos padres presionan a los hijos para que su imagen sea perfecta o están permanentemente haciendo comentarios en relación a lo que estos comen o dejan de comer, proyectando sus propios conflictos respecto de la relación con la comida. Otros, en cambio, tienen hábitos alimentarios desordenados -comer a deshoras o cualquier cosa- donde no se le da al acto de comer la importancia que tiene como ceremonia social. Se comprobó que muchos pacientes de trastornos alimentarios provienen de hogares donde es común que haya peleas a la hora de comer o que la familia jamás se sienta junta a la mesa.

LAS FALSAS CREENCIAS RESPECTO A LA GORDURA

- Si dejo de hacer dieta voy a engordar.
- Si soy gorda no valgo nada.

- Si soy flaca me van a aceptar.
- A los flacos les va bien en todo.
- Tener dos kilos de más es ser obeso.
- Si me permito comer un chocolate después no voy a poder parar.
- El pan hincha.
- Es fundamental hacer actividad física siempre para quemar lo que se come.
- Como tengo tendencia a engordar voy a tener que hacer dieta toda la vida.
- A los hombres/mujeres no les gustan las gordas/os.
- Cuanto menos se come más se adelgaza.
- El azúcar está totalmente prohibida.
- Si Juan/María me ve así de hinchada/o me va a rechazar.
- Todos los gordos son infelices.

Capítulo 6

Delgados por naturaleza

Es cierto: hay gente que come de todo y nunca engorda. ¡Y no son bulímicos!

Mucha gente los considera privilegiados por la naturaleza y se mueren de risa cuando ellos o ellas se quejan de su problema. ¡Imagínese, no poder engordar! Para quienes están obsesionados con la idea de adelgazar, los flacos por naturaleza son blanco de envidia.

De hecho, vista de afuera la situación parece ideal: flacos y flacas (que no pasan del 15% de la población en los países occidentales) comen de todo, en la cantidad deseada, sin tener en cuenta a la balanza. ¿Qué más pueden pedirle a la vida?

Sin embargo, en la perspectiva de los *"piel y hueso"* no todo son flores y bombones de chocolate con cereza. Según ellos, ¡los flacos sufren! Y son muchos los motivos, comenzando por los prejuicios de los demás.

En efecto, a las personas muy delgadas les llueven apodos por todos lados. Desde el clásico *"palo de escoba"* hasta el popular *"flaco escopeta"* hay una variada gama de menciones menos delicadas. Aunque la delgadez no siempre es sinónimo de fragilidad, los hombres y mujeres que se encuentran por debajo del peso normal ofrecen la imagen de enfermos, desanimados y sin fuerzas para enfrentar la vida. Además de esto, principalmente del lado femenino, las formas redondas siempre sugerirán sensualidad. El tipo esquelético encarnado por la modelo inglesa Twiggi en los años 70 parece haber acabado con la tradición de que la feminidad va asociada a las curvas y redondeces.

Sin embargo el nuevo modelo del cuerpo deportivo propone el sentido inverso: las formas redondeadas pero tensas son el ideal. Ciertas estadísticas francesas revelan que a dos de cada diez mujeres les gustaría volverse más rellenas. El problema es que en este juego, perder es mas fácil que ganar. Eso mismo: aumentar el peso corporal exige -a los delgados por naturaleza- más esfuerzo que disminuirlo.

LOS TIPOS DE DELGADEZ

Es necesario distinguir delgadez constitucional de adelgazamiento circunstancial. Si alguien pierde peso sin motivo aparente (dieta, esfuerzo físico extra, choque emocional, estrés) debe visitar inmediatamente al médico. Los kilos de menos en ese caso, derivan de algún problema de salud -es el llamado adelgazamiento patológico-. En general, viene acompañado de otros síntomas (fiebre, fatiga) que ayudan al diagnóstico.

Son variadas las causas que originan la pérdida de peso, desde gripe hasta sida, pasando por la tuberculosis hasta el cáncer. Pero con mayor frecuencia resulta de desequilibrios hormonales (mal funcionamiento de glándulas). El problema endocrino que más provoca el adelgazamiento es el hipertiroidismo (funcionamiento exacerbado de la tiroides). El individuo acostumbra presentar gran apetito y actividad, pero quema todas las calorías que precisa y un poco más. Así acaba adelgazando. La insuficiencia de la glándula suprarrenal (provoca falta de apetito) también causa adelgazamiento patológico. Lo mismo sucede en los casos de deficiencia importante de insulina, porque el organismo utiliza proteínas y grasas para generar energía. Finalmente también la anorexia nerviosa puede provocar drástica pérdida de peso.

Cualquiera de las condiciones citadas exige cuidados médicos y, dependiendo de sus características, se resuelve con relativa facilidad. Los problemas endocrinos tienen cura prácticamente completa. Los demás presentan pronósticos variables.

Pero este capítulo no está dedicado a la delgadez ligada a la enfermedad sino a la delgadez saludable que se debe a factores constitucionales.

Esta por un lado no tiene nada de malo. Es una característica de familia (hereditaria como el color del cabello o la estatura). Por otro lado, es un hueso duro de roer. En otras palabras quien nació para flaco difícilmente se volverá gordo.

EL PESO DE CADA UNO

El punto central de la cuestión es el siguiente: ¿Por qué ciertas personas tienen más dificultades para ganar peso que otras? La respuesta no es tan simple como parece. En verdad, los nutricionistas aún lidian solo con teorías e hipótesis en un delicado terreno. Una de ellas sugiere que los delgados no tienen control sobre aquel *"compartimento secreto"* del estómago que permite a los golosos engullir sin parar. Esto quiere decir que cuando llega la sensación de saciedad, no les entra nada más ni empujando con los dedos. Así los flacos jamás se pasan de los límites. Otros científicos apuestan a una explicación un poco diferente. Se sabe que las células adiposas se dividen en dos categorías. Marrones (también llamadas *"pardas"*) y blancas. Las primeras tienen como función liberar calorías en forma de energía. El objetivo es mantener la temperatura corporal y las actividades orgánicas: es decir, queman combustible. Y las blancas almacenan calorías en forma de grasa para su posterior utilización. Entonces los flacos tendrían, proporcionalmente, más células marrones. Así su capacidad de quema sería mayor mientras que la de almacenaje disminuiría. Nada de eso está comprobado científicamente, pero si no fuese verdadero al menos es bastante ingenioso. Sea cual fuere el motivo que hace que los *"peso pluma"* mantengan tanta levedad, no hay cómo esconder que la situación incomoda y la mayoría intenta desesperadamente ganar unos kilitos. Es una batalla que exige paciencia. Un flaco constitucional probablemente será flaco la vida entera. Perder varios kilos en un mes no tiene mucho misterio. Pero nunca se vio a nadie engordar tan rápidamente y en la misma proporción.

Al contrario de lo que la mayoría imagina, no basta hacer lo opuesto de lo recomendado al obeso, o sea comer más. Sucede que, como vimos, muchas veces el delgado constitucional se desbanda en la mesa y los resultados no aparecen. En esos casos el ejercicio puede ser un una solución. La gimnasia provoca hipertrofia muscular y consecuentemente alteración en la estructura física. El trabajo para desarrollar los músculos incluye ejercicios con pesas para hombres e hidrogimnasia con aparatos para ambos sexos. La hidrogimnasia, es bueno recordarlo, acciona los músculos sin poner en riesgo las articulaciones. El ejercicio, asociado a una dieta reforzada, resulta en un aumento de peso y modulación de la masa muscular. Algunos entrenadores recomiendan, en ciertos casos, que el candidato se quede un mes en casa siguiendo un menú especial antes de iniciar los ejercicios.

Capítulo 7

La personalidad en crisis

La mayoría de las afectadas por los trastornos alimentarios son mujeres en el período de la adolescencia. El síntoma (la actitud repetida de comer compulsivamente o bien de rechazar sistemáticamente todo alimento) se declara en el momento de la pubertad en que el cuerpo comienza a transformarse.

El origen del problema comúnmente se remonta a la infancia, a las primeras relaciones afectivas, es decir cuando aún estaban comprometidos el cuerpo del bebé con el de su madre. Se puede interpretar que el recurrir al alimento, primer objeto de la función vital, es un intento de llenar el vacío interior que se vivencia como una falta de afecto persistente.

Muchos especialistas coinciden en comparar a los desórdenes alimentarios con la adicción a la droga. Incluso en muchos casos el afán de adelgazar lleva a que las víctimas de esta enfermedad se automediquen. Según algunos estudios, la tercera parte de quienes padecen este problema muestra una farmacodependencia evidente: toman anorexígenos, anfetaminas, tranquilizantes o hipnóticos para ayudarse a esconder el abatimiento, la sensación de vacío interior, su dificultad para soportar la soledad.

LA DEPRESION PARALELA

El problema de las personas bulímicas y anoréxicas está cerca del depresivo. En efecto, de una a tres bulímicas sobre cuatro son depresivas con una fuerte inestabilidad emocional.

Se dice también que los bulímicos que prefieren lo dulce son impulsivos e hiperemotivos, mientras que aquellos que prefieren lo salado son ansiosos e inestables. Por supuesto no deben tomarse estas interpretaciones como una regla fija sino como un dato probable que puede contribuir al conocimiento de cada caso particular.

En algunos afectados, además de la depresión, se constata el desorden bipolar también llamado enfermedad maníaco-depresiva, donde el paciente oscila entre períodos de euforia y períodos de depresión. Por ser un trastorno de origen bioquímico este problema requiere tratamiento siquiátrico donde se prescribe una medicación estabilizadora del ánimo como el litio o la carbamazepina, o bien antidepresivos o antipsicóticos según cada cuadro.

La complejidad de la situación y de la personalidad de cada paciente hace que si se constata depresión o inestabilidad emocional sea conveniente recurrir a un tratamiento psiquiátrico que a veces puede combinarse con psicoterapia individual, terapia familiar y asistencia a grupos de autoayuda.

Muchas personas podrán plantearse cómo reconocer un trastorno alimentario sobre todo si los límites en la personalidad de un adolescente son tan difusos. Un día se muestran irritables y nerviosos, otro amables y tiernos.

Para tener una guía de reconocimiento de síntomas, hemos preparado el cuadro de la página siguiente.

CARACTERISTICAS DE LA PERSONALIDAD EN LOS TRASTORNOS ALIMENTARIOS. (*)

CARACTERISTICAS	ANOREXIA	BULIMIA
- Terror mórbido a engordar.		
- Distorsión de la imagen corporal.		
- Dificultades con la ingesta o la alimentación.	Se manifiesta en ambas con diferencia de calidad y cantidad, según la gravedad del caso y la personalidad de base.	
- Problemas familiares.		
- Depresión		
- Ansiedad		
- Necesidad de aprobación social.	- Negada.	- Búsqueda
- Dificultades en el control del impulso.	- Pánico a perder el control.	- Acting (se lleva a la práctica)
- Afectividad inestable.	- Reprimida -supresión.	- Manifiesta inestabilidad.
- Autoestima	- Pseudocompensada.	- Baja.
- Espontaneidad.	- Falta.	-Pseudoespontaneidad.
- Sentido del humor.	- Malo.	- Inestable.
- Tendencias autodestructivas.	- Negadas.	- Actuadas.
-Dependencia/independencia.	- Dependencia.	- Pseudodependencia por oposición.
- Individuación.	- Muy eficiente.	- Deficiente.
- Eficacia y eficiencia.	- Sobrevalorada.	- Sensación de fracaso.
- Prueba de realidad.	- Deficiente	- Alterada pero en menor grado.
- Miedos y fobias.	- Aprensión manifiesta.	- Temores negados.
- Sobreexigencia.	- Sobreadaptación.	- Presente, abandonan por no sentirse capaces.
- Problemas sexuales.	- Reprimidos.	- Manifiestos.
- Abusos sexuales.	- Encubiertos, pasivos.	- Más activos y manifiestos.
- Tendencia al control excesivo.	- Control llevado a límites extremos.	- Polarización control-descontrol.

(*) Fuente: "Las cosas del comer; anorexias y bulimias. Psicodiagnóstico y tratamientos múltiples" por Victor H. Lofrano y Amanda López Molina Lofrano, en Actualidad Sicológica año XX n° 226, nov. 1995.

Para Viviana, de 19 años, salir del pozo fue una tarea difícil pero logró hacerlo finalmente. *"Yo no me daba cuenta de qué era lo que me pasaba. Fue difícil para mí aceptar todo esto que se estaba desencadenando, pero yo creía que lo podía controlar y no se puede controlar. Me sentía mal anímicamente, mal conmigo misma y muy insegura. Estaba deprimida y nunca quería hacer nada. Sólo me importaba estar cada día más flaca: para mí estar bien era estar flaca. Me restringía mucho en las comidas o directamente no comía nada. En otras épocas, cuando me ponía nerviosa empezaba a comer sin parar y después vomitaba todo. Eso mismo me llevaba a no tener ganas de hacer nada y a no querer moverme de mi casa en todo el día. No me quería nada ... cada vez que me peleaba con alguien o estaba enojada me golpeaba a mí misma... hasta llegué a querer clavarme un cuchillo."*

Capítulo 8

Los primeros diagnósticos

Además de la familia y los amigos, son ciertos profesionales de la salud consultados por motivos de su especialidad quienes pueden detectar los primeros signos de bulimia o anorexia en sus pacientes.

El odontólogo, el clínico y el ginecólogo muchas veces son los encargados de aconsejar el comienzo de un tratamiento específico para solucionar el problema alimentario, que sea cual fuere el método elegido, siempre debe estar guiado por un profesional en psicología o psiquiatría.

ASPECTOS ODONTOLOGICOS

El dentista es uno de los profesionales que puede acercarse a un primer diagnóstico sobre un probable trastorno alimentario a través de un conjunto de evidencias en la boca del paciente acostumbrado a vomitar.

La sequedad en la boca es un signo asociado a la bulimia y la anorexia debido a la deshidratación, que provoca una saliva gruesa y una mucosa seca.

Los labios pueden estar agrietados y en algunos casos mostrar queilitis angular (piel seca en las comisuras) por falta de vitamina B e infección sobreagregada de la bacteria candida albicans.

En ciertos pacientes aparece irritación de la mucosa del paladar y la encía marginal con ardor en la boca y en la lengua.

En los dientes se presentan descalcificaciones debidas al contacto con los vómitos, cuyo PH altera la estructura dentaria sobre todo en la cara interna de incisivos y caninos. En casos avanzados pueden llegar a perderse piezas dentarias.

ASPECTOS CLINICOS GENERALES

En el nivel de la cabeza y el cuello aparecen signos de una alteración en el funcionamiento de la glándula tiroides, también observables por el odontólogo.

En los bulímicos y anoréxicos puede existir un hipotiroidismo adaptativo que cesa con la solución de la malnutrición. Este cuadro hipotiroideo puede provocar intolerancia al frío, cabello seco y frío, piel seca, uñas quebradizas y disminución de los reflejos nerviosos.

El aumento del vello facial (hirsutismo) es otro rasgo característico fácil de reconocer que aparece como consecuencia del desequilibrio endocrino provocado por el desorden nutricional.

La hinchazón de la parótida (papada) es otro rasgo común en los trastornos alimentarios aunque también lo es en casos de diabetes y de alcoholismo.

ASPECTOS GINECOLOGICOS

La amenorrea -pérdida de las menstruaciones- que no tiene una causa fisiológica que pueda ser determinada mediante los exámenes complementarios que realiza el ginecólogo, se puede atribuir a la desregulación hormonal originada en la mala alimentación -o en la no alimentación-.

La disminución del nivel de estrógenos que lleva a la amenorrea puede provocar la descalcificación ósea y conducir a la osteoporosis, razón por la cual muchas veces antes de reestablecerse el ciclo menstrual mediante la reorganización alimentaria, el profesional debe prescribir el suministro de estrógenos por vía oral.

Capítulo 9

Algo más sobre los hábitos alimentarios

El problema de adelgazar y engordar no siempre está relacionado con el temor a engordar que provocan los trastornos alimentarios. En ciertos casos el adelgazamiento efectivamente se produce aunque el individuo jamás haya hecho dieta y la obesidad también va más allá de la ingesta excesiva.

La ciencia ha avanzado a grandes pasos en lo concerniente a la relación entre la forma de alimentarse y la salud. Vemos las últimas conclusiones.

LA FUNCION DE LA SEROTONINA

En la búsqueda de explicaciones científicas que aclaren aún más el orígen de los trastornos del comer, se ha hallado una correlación entre la producción de serotonina en el cerebro y los hábitos alimentarios. Un estudio presentado en el Simposio internacional Serotonina y Psiquiatría, en Santiago de Chile en octubre de 1993 por el doctor Hernán Silva, se analizó las relaciones entre los trastornos de la conducta alimentaria y los sistemas de neurotransmisión centrales. Entre los aspectos neuroquímicos relacionados con el control del apetito se ha encontrado una importante función de los sistemas noradrenérgico, serotoninérgico y neuropeptídico. Aparentemente existe una estrecha relación entre la bulimia y la anorexia nerviosa con la voracidad por carbohidratos típica del trastorno afectivo estacional -una depresión que afecta a ciertos individuos sólo en invierno y desaparece en verano cuando hay mayor duración de la luz solar- . La conclusión del estudio permite suponer que la serotonina es un modulador de los patrones de comer normales. Los pacientes con trastornos de la alimentación tienen índices de disfunción del sistema serotoninérgico y los fármacos que actúan selectivamente sobre este sistema ejercen importantes efectos sobre la conducta alimentaria.

¿QUE ES ADELGAZAR SIN QUERER?

Pese a sus variaciones, el peso tiende a mantenerse constante en los individuos normales. Se lo llama peso habitual y su descenso adquiere significación clínica cuando es superior a 3 kg. (ó 5% del peso previo), en períodos mayores de un mes. Puede ocurrir con ingesta disminuida, normal o aumentada de alimentos, como síntoma único o asociado a otros, en forma voluntaria o involuntaria. Los descensos rápidos de peso (horas) son por deshidratación, en tanto que en los lentos (días, semanas) se pierde componente graso muscular predominantemente.

Una variación de 7700 calorías se acompaña de un cambio de 1 kg.

Cuatro grandes mecanismos generan descenso ponderal (adelgazamiento)
 a) Disminución del apetito y/o la saciedad precoz,
 b) Disminución de la incorporación de alimentos ingeridos (vómitos, diarrea, síndrome de malabsorción),
 c) Factores metabólicos
 d) Deshidratación.
En toda paciente joven que baja de peso en forma

rápida el profesional ha de plantearse la posibilidad de una restricción voluntaria de la alimentación, ocultada al médico, como sucede en la anorexia nerviosa y en la bulimia.

Otro es el caso cuando el descenso de peso es involuntario. Entre las causas de descensos ponderales involuntarios resaltan nítidamente algunas enfermedades psiquiátricas (depresión) y neurológicas que alteran el comer; el alcoholismo avanzado y la cirrosis, ciertas enfermedades gastrointestinales y especialmente el síndrome de malabsorción; la uremia crónica; algunas enfermedades endocrinológicas como el hipertiroidismo, la diabetes tipo I y la insuficiencia suprarrenal.

Estos problemas que no tienen nada que ver con los trastornos alimentarios conocidos como *"anorexia nerviosa"* pueden suceder a cualquier edad. En estos casos el adelgazamiento o la falta de hambre no ocurren motivados por el pánico a engordar sino por cualquiera de las causas descritas anteriormente.

LOS CHICOS TAMBIEN TIENEN ANOREXIA

Nada más incierto para una madre que un niño que se niega a comer.

Un trabajo publicado por la Revista mexicana de pediatría (53(2):53-6, marzo abril 1986) analiza uno de los problemas que se presenta comúnmente en la consulta pediátrica: la anorexia infantil.

El origen de la falta de hambre en un chico puede estar correlacionado con sus etapas de crecimiento y desarrollo. Pero también puede estar vinculado a la influencia de los padres que interfieren (con sus deseos, angustias o preocupación exagerada) en el satisfactorio cumplimiento de la alimentación. Este estudio sugiere a los padres que comprendan su importante papel educativo en lo relativo a la alimentación, así como en muchos otros aspectos del desarrollo infantil para prevenir que la relación con la comida se constituya en el síntoma a través del cual se expresan otros conflictos.

CUANDO FALLA EL OLFATO

Existe una relación notoria entre la bulimia y la anorexia nerviosa y la disminución de la función olfativa.

Así lo constata un estudio realizado por el Department of Psychology at the University of Toronto, Ontario, Canadá en julio de 1995.

Allí se estudiaron los casos de cinco mujeres afectadas por trastornos de la alimentación. El grupo control que participó en el estudio estaba compuesto por 16 mujeres que no padecían ningún trastorno, con el objetivo de determinar si la función olfativa se encuentra alterada en pacientes con anorexia restrictiva, anorexia con episodios bulímicos y bulimia nerviosa.

La función olfativa se estableció según el *Test de Identificación del Olfato* diseñado por la Universidad de Pennsylvania determinado por la detección del olor del feniletilalcohol. Sólo las anoréxicas con un notorio descenso del peso mostraron dificultades para identificar y detectar los olores. El síntoma se mostraba agravado en mujeres anoréxicas y fumadoras. Las anoréxicas con un poco más de peso no mostraron dificultades olfativas. de lo que se deduce que la función olfativa se reduce a medida que la pérdida de peso es mayor.

¿BULIMIA U OBESIDAD?

La bulimia identificada en la adultez generalmente se asocia clínicamente con obesidad y con una larga historia de vida signada por desórdenes alimentarios. Son muchos los especialistas que aseguran que el hacer dieta en forma prolongada es un factor predisponente hacia los accesos bulímicos que pueden conducir a los individuos a la obesidad.

Un estudio realizado recientemente confirma esta teoría, al examinar la cronología y determinar el origen de los trastornos alimentarios, el hábito de las dietas y los desórdenes anímicos en 30 mujeres evaluadas retrospectivamente.

A pesar de que la mayoría de los sujetos estudiados en este grupo de adultos eran obesos, la iniciación del comportamiento bulímico generalmente tuvo lugar durante la adolescencia, un tiempo en que la mayoría de los participantes afirmó tener un peso normal.

La obesidad se desarrolló varios años después del desencadenamiento del trastorno bulímico. Asimismo se pudo comprobar que el momento de aparición del síntoma bulímico fue el inicio de una dieta adelgazante y de depresión en la mayoría de los sujetos. Los resultados avalan la importancia de la intervención temprana en los trastornos alimentarios.

EL AFAN DE CONTROLARLO TODO

El comer cuando se está sobreexigido o el no comer nada directamente, está generalmente asociado con los problemas de los adolescentes. La dificutad que tienen ciertos jóvenes para resolver sus problemas es desplazada hacia la relación con la comida y esto determina el desarrollo de los trastornos alimentarios. La siquiatría es la rama de la salud mental que ha conceptualizado más acabadamente a estos dos desórdenes que afectan a mujeres adolescentes y jóvenes adultas, y en forma menos frecuente a varones. Estos desórdenes de la conducta son difíciles de identificar porque el adolescente, debido a la vergüenza, o a la falta de conciencia de la enfermedad, se las ingenia para ocultar sus comportamientos. Pero entrenando la mirada y el oído se pueden detectar ciertos signos que evidencian el problema.

Un/a adolescente con anorexia nerviosa es típicamente perfeccionista y uno de los mejores alumnos en la escuela. A pesar de ello tiene una baja autoestima y creencias irracionales acerca de su imagen corporal: siempre se ve gordo/a. Necesita desesperadamente ejercer algún control sobre su vida pero en cambio el único control que consigue es el de los alimentos que ni ingiere. La única experiencia que le confirma la posesión del control es decirle "no" a las demandas de comida normal de su cuerpo.

Es necesario actuar en cuanto se percibe el descenso de peso para evitar las consecuencias de la inanición voluntaria.

Los síntomas de la bulimia son un tanto diferentes, aunque es frecuente encontrar ambos comportamientos en una misma persona. El paciente devora grandes cantidades de comida rica en calorías y somete a su cuerpo a purgas a través de laxantes y vómitos autoprovocados. Los atracones se alternan con dietas severas cuya consecuencia es la alteración dramática del peso. La situación es percibida por estos adolescentes como fuera de control, aunque la etapa de las dietas les alimenta la falsa ilusión de tener el timón. El comportamiento se oculta generalmente escondiendo muy bien los detalles que puedan revelar lo que se ha hecho. La práctica del vómito trae consecuencias realmente serias para el físico: pérdida de minerales, deshidratación, erosión de las piezas dentarias, sequedad de la piel y alteraciones del ciclo menstrual.

EL ROL DE LA FAMILIA

El modo de relación existente en una familia es un factor de gran peso en el surgimiento de los desórdenes alimentarios. Así lo constatan Doerr Zegers, Juan Petrasic y Eliana Morales, los autores de un estudio con enfoque sistémico titulado *"El rol de la familia en las patogénesis de la anorexia nerviosa"*, publicado por el Acta Psiquiátrica- PSicológica de América Latina en marzo de 1988. De 35 familias estudiadas entre 1970 y 1981, se seleccionaron 20 que cumplían con los siguientes criterios: diagnóstico probado de una Anorexia nerviosa primaria; estudio completo de la familia en sus respectivos hogares como *"observador participante"* ; tratamiento psicoterapéutico de por lo menos seis meses; tratamiento en clínica en por lo menos una oportunidad. Entre los resultados obtenidos destacan: se trata de familias bien constituidas, numerosas y con mucho mayor número de hijas que de hijos (3 a 1); en casi todas, uno de los padres sufre de una enfermedad crónica y el sano ejerce un dominio sin contrapeso sobre toda la familia; en casi todas las familias se dibuja algo así como una "ideología familiar", en la que - coincidiendo con otros autores - aparece siempre la sobrevaloración del rendimiento escolar, laboral e intelectual, el total rechazo de la sexualidad y la fuerte tendencia al ascenso en la escala social. Más allá de esto, los autores describen como fenómeno del mayor interés la tradición y el espíritu de sacrificio, lo que recién haría comprensible el por qué determinadas situaciones típicas desencadenan la enfermedad. Se trata de situaciones que amenazan la rígida homeostasis de estas familias y frente a las cuales la paciente designada reacciona al estilo de la tradición familiar: con un *"sacrificio"* tal como lo es un ayuno a muerte.

Sección 2

Cómo enfrentarla

Capítulo 10

El malestar del comer

Frente a los cambios en la personalidad de los hijos muchos padres se sienten desorientados. *"Es lógico en la adolescencia"*, *"Todos los chicos ahora hacen dieta"*, *"No es para preocuparse"*, prefieren pensar mientras sostienen que, en la etapa que está atravesando, es lo más común que el adolescente se encierre en su cuarto para *"buscarse a sí mismo"*.

Sin embargo los jóvenes que sufren un trastorno alimentario se aíslan en su cuarto porque se sienten solos, están deprimidos o se quieren dar un atracón.

Por supuesto, esto es difícil de aceptar. Que un joven de quince años o una chica linda, con toda la vida por delante y que no tiene responsabilidades pueda estar deprimido es impensable para muchos padres: *"¿Qué le falta? Si le damos todo lo que quiere"*, se preguntan desconcertados.

Deje de hacerse preguntas y de intentar calmar su ansiedad con respuestas que ni usted mismo puede contestar. Si su hijo está menos comunicativo, se niega a compartir la mesa familiar, pasa demasiado tiempo en el gimnasio o encerrado en su cuarto, es más que evidente que algo le está pasando y usted como padre tiene el derecho -y la responsabilidad- de averiguar qué es.

De acuerdo, no hay que exagerar. Unas pocas actitudes *"extrañas"* no bastan para sentenciar que el adolescente pueda sufrir un trastorno alimentario así como tampoco alcanzan para suponer que se pueda estar drogando. No se trata de inventar fantasmas, sino de estar atento. En realidad, no es para nada desacertado pensar que un adolescente que se aísla socialmente, con seguridad ha de tener algún problema digno de ser tomado en cuenta.

Es conveniente no minimizar las señales y hablar con él. Si se niega a escucharlo consulte con un especialista. No se someta a la tiranía de los adolescentes: a veces es mejor pecar de *"entrometido"* en los asuntos de un hijo que lamentarse más tarde por no haberse dado cuenta a tiempo.

LOS ARGUMENTOS MAS COMUNES

No espere que su hijo le pida ayuda. Aguce los oídos y la mirada. Si percibe que algo está pasando no dude en enfrentar el problema cuanto antes.

Y si usted es el hijo con el problema, también hay un consejo para usted: no espere que vengan a salvarlo. Reconozca que ya no es un niño indefenso y que está en condiciones de empezar a hacerse cargo de sus propios asuntos. Esto no quiere decir que deba hacerlo solo, por supuesto. En realidad, son muy pocos los problemas que los humanos podemos resolver completamente solos.

Pero antes de empezar a solucionar un problema hay que aceptar que se lo tiene. A usted le corresponde estar atento de sí mismo. ¿Pesa 35 kilos y sigue afirmando que está sano? ¿Cada vez que se siente contrariado corre al kiosco y luego a otro y luego a otro?

Veamos algunos de los argumentos más comunes para negar el problema alimentario y fundamentar las conductas *"extrañas"* respecto a la comida, que se asientan sobre falsedades esgrimidas como verdades irrebatibles.

"Me siento perfectamente bien"

Hasta que llega el momento individual de tocar fondo el paciente no tiene conciencia de la enfermedad porque los problemas físicos comienzan a notarse mucho tiempo después del inicio de las conductas patológicas. Además hay una distorsión de la imagen corporal que lo hace verse más gordo cuanto más adelgaza. Parece una exageración, pero es así. El temor permanente a ganar kilos sumado al hecho de no darse cuenta de su pérdida excesiva de peso lleva a que la persona adopte una actitud de rechazo ante cualquier propuesta terapéutica cuyo objetivo sea *"hacerlo engordar"*.

Para no asistir a una consulta médica que pueda indicar un tratamiento se niega la enfermedad.

Consejo para los padres: Tome la iniciativa a pesar de la negativa de su hijo y busque un profesional que lo pueda orientar.

Consejo para el dietante: Sea sincero con usted mismo y reconozca que no se siente tan bien como afirma. Consulte por esa fatiga o por ese dolor de estómago persistente.

"Quisiera engordar pero no puedo"

Cuando los padres advierten que su hijo ya está demasiado flaco, comienzan a insistirle para que coma al menos un poco. Frente a este pedido o amenaza, la reacción más habitual es el enojo y la persistencia con la dieta porque la persona continúa viéndose gorda. Pero algunos hijos descubren que es más sencillo *"hacer como que comen"* delante de sus padres para que estos dejen de molestarlos con sus insistencias y luego se las ingenian para desembarazarse de la comida mediante los ayunos y las purgas.

Consejo para los padres: Fíjese si la cantidad de ayunos es mayor que las veces que come delante suyo y trate de detectar conductas purgativas.

Consejo para el dietante: ¿Está seguro de que adelgaza aunque no quiere? ¿Y si esto fuese así, todavía piensa que el bajo peso no es nocivo para su salud?

"Todo lo que como me cae pesado"

Un ataque al hígado o la pesadez provocada por los alimentos son excusas que la persona sometida a una dieta tiene siempre a flor de labios para que no los inciten a lo que ellos consideran como *"comer de más"*, o *"comer pesado"*. Los especialistas consultados por los supuestos males digestivos si no han descartado el mal imaginario, pueden llegar a recomendar una dieta desintoxicante a seguir por una o dos semanas, a la cual el paciente se aferrará para seguir restringiendo su ingesta, esta vez apoyado en una indicación que parece legitimar lo que le sucede.

Consejo para los padres: Siga investigando y consultando. No acepte como válido ningún tipo de justificativo para que su hijo no se alimente adecuadamente.

Consejo para el dietante: Si cree sinceramente que la comida le cae mal sepa que la solución no es dejar de comer, sino comer alimentos que protegen al organismo. Asesórese para cumplir un plan de alimentación que lo conserve en el peso adecuado pero que también le aporte los nutrientes que necesita.

"Me hice naturista"

Con la difusión de las bondades de las verduras y de la conveniencia de un menor consumo de carne para mantener una buena salud, los adictos a la dieta encuentran en el vegetarianismo una nueva excusa para justificar su obsesión por adelgazar. Poco les importa los aspectos filosóficos y espirituales de los sistemas alternativos que implican una decisión comprometida respecto al estilo de vida. Quienes se enrolan en el naturismo con el solo fin de adelgazar toman la parte por el todo, es decir solo el aspecto alimentario de sistemas de vida mucho más completos y que requieren una auténtica convicción para llevarlos adelante de una forma integral, que sea realmente beneficiosa para la salud. En realidad los falsos naturistas también restringen la cantidad y variedad de vegetales que ingieren: el zapallo y la zanahoria son los preferidos por las personas sometidas a dieta rigurosa, que en poco tiempo tienen las palmas de las manos teñidas de naranja.

Consejo para los padres: Recuerde a su hijo que si desea seguir el naturismo tiene que informarse correctamente para llevar una alimentación equilibrada. Anímelo a consultar a un profesional serio en esa área.

Consejo para el dietante: El organismo necesita un adecuado balance de nutrientes para desarrollarse, sobre todo en la adolescencia cuando el gasto energético corporal es mayor. No se engañe a sí mismo: si le gusta la carne cómala y si no reemplácela por las proteínas vegetales que su cuerpo necesita. Asesórese y no haga trampas: recuerde que la finalidad del naturismo es lograr un mejor estado de salud del cuerpo y de la mente. Si está de mal humor o se siente débil hay algo que no está haciendo bien.

"No tengo tiempo para comer con la familia"

Siempre hay alguna excusa que suena razonable cuando lo que se quiere es evitar compartir la mesa con la finalidad de no tentarse o bien de no ser obligado a comer. Que tienen mucho trabajo, que deben estudiar para los exámenes o que la mejor clase de gimnasia es a la misma hora de la comida, son argumentos que parecen irrebatibles. De este modo se limita cada vez más la comunicación familiar y empieza el sentimiento de *"no conozco a mi propio hijo"* que tanto angustia a los padres.

Consejo para los padres: Dé a la hora de la comida el lugar que se merece. Transmita la importancia que tiene para usted que se respete la costumbre de compartir la mesa familiar.

Consejo para el dietante: Si no come con su familia o con la gente que vive con usted se está privando de un momento agradable donde puede dejar de sentirse solo. La mesa familiar no es un enemigo de su figura sino un momento para compartir con aquellos que se quiere. No deje que sus miedos le quiten la posibilidad de disfrutarlo.

"Necesito un laxante porque estoy constipado"

Esto no siempre es verdad. A veces se quiere tomar un laxante para eliminar lo que comió o para eliminar lo que no comió. Pero si no se come nada no hay nada para eliminar. Entonces lo que necesita no es un laxante sino comer la cantidad suficiente de alimentos protectores que se digieran normalmente, sobre todo frutas, verduras y cereales (pero no únicamente). El cuerpo debe retomar su ritmo biológico y con tantos desarreglos en la forma de comer es lógico que la función eliminatoria también se vea alterada.

Consejo para los padres: No permita que su hijo se automedique. Si afirma estar constipado aproveche esta oportunidad para llevarlo al médico.

Consejo para el dietante: No se engañe más. Los laxantes no sirven para eliminar la culpa por haber comido en forma desesperada. Para eso es mejor que consulte a un profesional. La constipación se solucionará cuando haya reorganizado sus comidas. Lo que necesita no es automedicarse sino organizarse con las comidas.

"Ya estoy grande para que anden detrás de mí"

Las banderas de la libertad son un reclamo legítimo de los adolescentes que muchas veces son tratados todavía como niños pequeños. Sin embargo, cuando reclaman con demasiada frecuencia este derecho, es posible que en realidad estén encubriendo la existencia de conductas que los avergüenzan, profundizando su sentimiento de soledad.

Consejo para los padres: Hable con su hijo. *"Métase"* en su vida sin culpas. Es posible encontrar el modo de llegar a un adolescente sin ser autoritario. Si le resulta demasiado difícil busque ayuda profesional, pero no se desanime.

Consejo para el dietante: Sus padres quieren ayudarlo. Deje de sentirse omnipotente y admita que algo no anda bien.

"Respeten mi intimidad"

El cuarto del adolescente y el baño son los lugares donde se llevan a cabo los atracones y las purgas. En el cuarto pueden hallarse restos de galletitas, papeles de chocolate, potes de yogur vacíos y todo lo que se le ocurra. Cuando están en el baño puede escucharse la canilla abierto durante demasiado tiempo, una costumbre que se adopta para tapar el ruido del vómito.

Consejo para los padres: Es difícil enterarse de lo que le está pasando al hijo sin invadirlo. Si el caso es extremo tal vez tenga que hacerlo y *"pescarlo in fraganti"*, aunque antes de llegar a esa instancia puede haber otras opciones menos violentas. Busque cuál es la mejor para la relación con su hijo.

Consejo para el dietante: ¿No habrá llegado el momento de poner en orden el cuarto y la propia vida?

"No necesito ningún tratamiento"

A veces se detecta el problema y el joven admite que algo le sucede pero insiste en que puede controlarlo, que los médicos no le gustan, o que ya está mejor. Sin embargo, los padres notan que sigue adelgazando, que está de mal humor y continúa encerrándose en el baño.

Tal vez el paciente comenzó un tratamiento pero no le sirvió y decidió abandonarlo. Este es un error porque existen distintos enfoques para tratar el problema. Es cuestión de hallar el que corresponde a la personalidad de cada paciente. Si no se siente a gusto y prefiere una terapia individual, entonces busque un psicoterapeuta especializado en trastornos de la alimentación. Otras personas prefieren la ayuda grupal y en otros casos es fundamental la consulta psiquiátrica. Es cuestión de orientarse y elegir.

Consejo para los padres: Si observa que las conductas persisten siga insistiendo en la búsqueda de una ayuda profesional.

Consejo para el dietante: Si pudo solo (con la información de esta guía o con algunas entrevistas profesionales) y está efectivamente mejor -recuperó peso, ya no se purga, no tiene atracones, sale con amigos, no piensa solamente en comer y logra concentrarse en el estudio- ¡Felicitaciones, pudo atajar la enfermedad a tiempo! Pero si no es así, no se engañe. Tenga paciencia con el tratamiento elegido. Cuando hayan transcurrido tres o cuatro meses de asistencia constante recién estará en condiciones de evaluar si le hizo bien. Si no es así continúe buscando ayuda.

Capítulo 11

Las opciones terapéuticas

Hay diversas técnicas para tratar la bulimia y la anorexia, pero teniendo en cuenta la complejidad de las situaciones y de las personalidades, deben ser adaptadas a cada caso y elegidas según las necesidades de cada familia.

Por tratarse de un problema multifactorial generalmente se recomienda una combinación de distintas disciplinas para encarar el problema desde cada uno de los ángulos que lo comprometen.

La mayoría de los profesionales trabaja en equipos transdisciplinarios orientados en un enfoque común que incluye siempre una orientación nutricional y una guía profesional psicoeducativa.

Algunas personas se encuentran más cómodas en un tratamiento individual, mientras que otras se hallan contenidas y acompañadas dentro de un contexto grupal, donde pueden compartir lo que les pasa no sólo con los profesionales sino también con gente que está atravesando por una experiencia similar.

De todas las armas disponibles para vencer a los trastornos alimentarios es cuestión de elegir las que resulten más efectivas para cada caso particular. Veamos cuáles son:

TERAPIAS DEL COMPORTAMIENTO

A diferencia de los tratamientos psicoanalíticos, este tipo de terapias psicológicas se basan en técnicas activas y directivas.

Se practican en sesiones individuales o en grupo, y sus modalidades varían según los equipos. Generalmente se proponen entre 6 y 15 sesiones a razón de una por semana. En ciertos encuentros se pone el acento en la importancia de una vuelta al peso fisiológico adecuado porque los anoréxicos y una gran cantidad de bulímicos se encuentra por debajo de aquél.

Se hace un seguimiento nutricional con la ayuda de una agenda de control alimentario y la corrección de los errores dietéticos y además se pone atención en las situaciones riesgosas propias de cada paciente.

Esto permite elaborar las estrategias preventivas para evitar las crisis y sobre todo enseñarle a cada paciente a distinguir por sí mismo las situaciones emocionales que lo pueden precipitar hacia un atracón.

Además se aprenden ciertos comportamientos que pueden interrumpir el ciclo dieta-atracón-purga.

Estas terapias del comportamiento permiten la curación más o menos durable de los síntomas.

ASOCIACIONES DE LUCHA

La base del tratamiento intensivo grupal ambulatorio para la bulimia y la anorexia ofrecido en este tipo de asociaciones es el grupo de autoayuda. Solamente un 5% de estos pacientes deben ser internados y la terapia individual la indican sólo cuando hay un problema que no está relacionado con el trastorno alimentario. La medicación se utiliza sólo cuando existe depresión paralela.

El modelo del grupo de autoayuda está inspirado en el programa de alcohólicos anónimos, cuya meta es la abstinencia. Los asistentes a estos grupos se comprometen a abstenerse de repetir las conductas sintomáticas de la enfermedad -atracones, ayunos, purgas- a las cuales en cierto modo se han vuelto adictos. El grupo es la fuerza principal que influye para que cada uno de los miembros logre cumplir este compromiso. Y a su vez, alcanzar las metas principales: el crecimiento y la maduración emocional. Una vez solucionado este punto del trastorno alimentario, se considera que los demás problemas pueden ser encarados. Igualmente se utilizan muchas técnicas provenientes de la psicología de la conducta empleadas en los grupos de obesos. La única diferencia con los demás grupos de autoayuda es que siempre participan profesionales en cada encuentro.

En una institución existe un programa intensivo denominado *"hospital de día"* que consiste en la asistencia diaria a reuniones que duran cinco horas durante un período de entre tres y seis meses, según la evolución de cada paciente. Luego se reduce la frecuencia de los encuentros hasta llegar a una reunión cada quince días.

Si el caso no es de suma urgencia se puede participar de un grupo externo que se reúne dos horas, dos veces por semana.

Los padres y amigos o familiares también asisten a grupos donde aprenden el modo de ejercer su función de apoyo, que según la filosofía sustentada por este tipo de asociación debe ser altamente participativa.

PSICOEDUCACION

Es un complemento valioso en todos los tratamientos para ayudar a los pacientes y sus familias a empezar a entender qué es lo que les pasa y por qué. Esta información tranquiliza al comprender los factores biológicos y culturales que han determinado la alteración del comportamiento alimentario. Por otra parte, la experiencia capitalizada por quienes ya han resuelto el problema contribuye a acrecentar la confianza en las propuestas terapéuticas que se ofrecen al paciente.

La descripción del problema alimentario comprende los siguientes puntos:

1) Entender cómo actúan los factores biológicos y culturales en la alteración de los patrones alimentarios.

2) Se explica a los pacientes por qué no es posible recuperarse mientras se está haciendo dieta y vomitando

alternadamente. Este es uno de los puntos más difíciles porque los pacientes están convencidos de que si abandonan la dieta engordarán indefinidamente.

3) Se cuestiona la moda de las dietas y la presión cultural para que las mujeres estén por debajo de su peso natural. Se anima a las pacientes a reflexionar sobre este punto.

4) El cuerpo tiende a mantener naturalmente un peso estable a través de un mecanismo metabólico denominado *"set point"*. El organismo siempre tiende a volver a ese peso que es el que le corresponde.

5) Hacer dieta durante un tiempo prolongado no es un método eficiente para controlar el peso porque termina provocando la adaptación del organismo a la ingesta reducida. Al recibir pocos alimentos el cuerpo se ve obligado a almacenarlos por más tiempo. Así se producen las típicas *"mesetas"* que detienen el descenso de peso y llevan a restringir cada vez más la cantidad de alimentos que se come o bien a la sensación de fracaso y el consecuente *"tirar todo por la borda"*, que provoca un aumento mayor del peso que se tenía antes de iniciar la dieta.

6) El peso natural de la mayoría de las mujeres está por encima del que se difunde en los medios de comunicación.

7) La dieta permanente provoca hambre crónica y la costumbre de vomitar avala la decisión de atracarse. Es un circuito autoperpetuante que fomenta la falsa ilusión de que es posible comer exageradamente sin ganar peso.

8) Los vómitos y los laxantes además de alterar el equilibrio electrolítico por la eliminación de minerales, tampoco sirven como métodos para controlar el peso, porque el cuerpo consigue asimilar una parte de lo que se ha digerido antes de eliminarlo.

9) Se necesita tiempo y paciencia para empezar a cambiar las conductas y despejar los temores a engordar. En la medida en que se regulariza la conducta alimentaria, y el cuerpo vuelve a su peso natural también se van

alejando las angustias, los temores y se empiezan a solucionar las demás cuestiones de la vida que estaban encubiertas debajo de la obsesión por la figura.

10) Se establece junto con el médico cuál es el peso apropiado y en casos de asociarse bulimia con obesidad se indaga en los factores hormonales a fin de hacer un tratamiento para este problema.

TRATAMIENTO PSICOLOGICO INDIVIDUAL

El tratamiento psicoterapéutico para los trastornos alimentarios necesita un enfoque directivo donde se resuelvan objetivos concretos.

El terapeuta debe abocarse en primer lugar a la tarea de enseñar al paciente a pensar, a abandonar los malos hábitos adquiridos después de años, a veces, para que pueda entregarse a la tarea de comprender cuál es el significado de sus síntomas, qué sentido tiene para él su enfermedad dentro de su historia personal y finalmente curar el fondo.

La orientación puramente psicoanalítica no alcanza para solucionar el problema principal de alguien que padece un trastorno alimentario: modificar cuanto antes sus conductas patológicas. En cambio, debe reconocerse al enfoque psicoanalítico el mérito de ayudar a ubicar cuáles son los verdaderos deseos y así seguir el propio camino. Pero esta es una tarea lenta y profunda que puede hacerse cuando ya se han vencido los principales obstáculos de la enfermedad que ponen en riesgo la vida. Se recomienda, entonces, iniciarlo después de haber vencido los automatismos del comportamiento -el hábito de los atracones, las purgas, etc.- porque para hacer un análisis sicológico profundo primero hay que vivir y alguien que no come o vomita varias veces por día está poniendo en riesgo su vida.

A la hora de elegir un profesional es bueno conversar claramente acerca del enfoque que dará al tratamiento, ya que muchos psicoanalistas están preparados para combinar la técnica sicoanalítica clásica con las estrategias específicas para el tratamiento de los síntomas propios de los trastornos de la conducta.

TRATAMIENTOS FARMACOLOGICOS

En ciertos casos se indica una medicación destinada a controlar las compulsiones bulímicas, para reducir su frecuencia e intensidad. Los antidepresivos parecen tener un efecto sobre el comportamiento alimentario actuando sobre los sistemas metabólicos que regulan el hambre y el equilibrio del peso.

CONSULTA NUTRICIONAL Y DIETETICA

Conversar con el especialista en nutrición permite aclarar a la persona bulímica y a la anoréxica cuáles son las consecuencias y los factores inmediatos directos de su comportamiento alimentario, y enseñarle las medidas adecuadas que le permitan remediar esta situación y la ayuden a romper con los comportamientos alimentarios vergonzantes.

INTERNACION

Se indica sólo en los casos en que existen complicaciones médicas de seriedad, cuando hay un riesgo alto de suicidio o cuando los síntomas no desaparecen después de haber iniciado un tratamiento ambulatorio.

El primer objetivo de la internación es corregir los problemas metabólicos pues pueden causar la muerte. Cuando hay deshidratación o desnutrición severa debe solucionarse este problema antes de que el paciente pueda estar en condiciones de iniciar un trabajo psicoterapéutico. En un 15% de los casos se suministran fármacos.

Además del médico durante la internación es importante la colaboración del equipo de enfermería que suele establecer un vínculo muy estrecho con el paciente. Igualmente la familia se incluye en el tratamiento para facilitar la vuelta de la internación a la casa.

Capítulo 12

¿Cómo se lleva usted con la comida?

La mayoría de las personas hacemos algún desarreglo con la comida cada tanto. No somos animales que se mueven sólo por su instinto sino seres sociales motivados por estímulos culturales. Si bien el hecho de disfrutar de los placeres de la buena mesa no tiene nada de malo sino mucho de bueno porque nos congrega y nos reúne, lo cierto es que algunas veces el hecho de comer como si fuese la última cena nos provoca más de un malestar estomacal sobre todo, además de la culpa por el exceso cometido.

El otro condicionamiento que a veces obedecemos ciegamente es el imperativo cultural tan de moda: hacer dieta. Aunque nuestro peso sea el adecuado o sólo estemos por encima de él unos dos o tres kilos nos sometemos a los más irracionales regímenes para *"recuperar la línea"*.

Cuál es la tan mentada línea, nadie lo sabe, puesto que en realidad el cuerpo humano, sobre todo el femenino, está lleno de curvas.

La mayoría de las veces lo que nos pesa realmente no son esos cuantos kilitos -que nadie nota en verdad y no nos modifican realmente la vida- sino problemas de otro tipo que suelen ser mucho más difíciles de reconocer, porque no existe una tabla que nos diga cuál debería ser el grado de felicidad ideal, según nuestro peso y estatura.

En la comida, así como en la ausencia de ella, depositamos a veces la falsa esperanza de resolver muchos de los conflictos que nos angustian en nuestra vida emocional, educativa, profesional y vincular.

En este test usted se dará cuenta de cuál es su relación con la comida y si ha atravesado la frontera que marca el territorio de los desórdenes alimentarios.

Responda con sinceridad.

1- A veces no puedo concentrarme en lo que tengo que hacer porque empiezo a imaginarme qué es lo que voy a comer a la noche.

2- Me levanto de noche a escondidas a comer lo que sobró de la cena.

3- Aunque es mi plato preferido jamás pruebo la pizza porque es lo que más engorda.

4- Si me insisten que coma, lo hago pero después voy al baño a vomitarlo.

5- A veces me asalta una necesidad incontrolable de comer todo lo que pasa frente a mis ojos.

6- Si tengo una caja de bombones no me alcanza con comerme dos o tres. No paro hasta que la termino.

7- Si tengo una fiesta el sábado a la noche no como nada en todo el día para que no se me hinche la panza.

8- Siempre que miro televisión tengo que estar masticando algo.

9- Hace cuatro meses que no tengo menstruación.

10- Odio que me digan que estoy flaca.

11- Siento que estoy presa en un cuerpo que odio.

12- Estoy condenada a vivir a dieta toda la vida. Si no me cuido enseguida aumento de peso.

13- A los gordos nadie los quiere.

14- Prefiero matarme comiendo y después vomitar que verme gorda.

15- El único problema que tengo es mi tendencia a engordar. Cuando esté flaca voy a poder hacer lo que realmente quiero.

16- Prefiero no ir a fiestas donde el motivo de la reunión sea la comida.

17- Todas mis amigas hacen dieta, ¿por qué yo no debería hacerlo?

18- Los hombres con panza no son para nada atractivos.

19- Todo el mundo quiere obligarme a trasgredir la dieta. Me pone muy mal que me quieran boicotear.

20- Mis padres no entienden que la comida no es importante.

21- Mi peso es menor al 85% del peso que me corresponde según las tablas.

Resultados: Atribúyase un punto por cada respuesta afirmativa.

Puntaje

Entre 1 y 5 puntos: Usted se encuentra dentro del grupo -probablemente mayoritario- de personas que tienen el denominado *"trastorno de la conducta alimentaria no especificado"*. Esto significa que reúne ciertas características propias de los trastornos de anorexia nerviosa y bulimia nerviosa pero no puede afirmarse que padezca esta enfermedad. Si no le faltan las menstruaciones o no hay evidencias de problemas físicos, está a tiempo de prevenir males mayores con sólo decidirse a cambiar sus malos hábitos. Lea el capítulo *"Cómo organizar una buena alimentación"* y abandone la dieta antes de que sea demasiado tarde. Por supuesto, no se permita volver a vomitar -si lo ha hecho- ni tomar laxantes por su propia cuenta. Ocúpese menos de su aspecto físico y más de lo que verdaderamente importa: cultivar las buenas amistades, hacer alguna actividad de su interés -música, pintura, danza, deportes- y converse sobre lo que le preocupa con alguien que lo pueda aconsejar.

-Entre 6 y 10 puntos: Es evidente que usted padece un trastorno alimentario. No importa si es bulimia o anorexia. Probablemente esté alternando entre uno y otro comportamiento. ¿Hace mucho tiempo que le sucede? Trate de responder sinceramente a esta pregunta y lea los demás capítulos de este libro para entender realmente de qué trata su problema. Si puede tome ya la decisión de cambiar y recuerde que si no puede solo es mejor buscar ayuda cuanto antes. Al final de estas páginas encontrará un listado de instituciones que se dedican al tratamiento de este problema. Si ninguno de ellos está cerca de donde usted vive, averigüe con su médico de confianza o en el centro de salud de su ciudad cómo puede acceder a un tratamiento.

Más de 11 puntos: No postergue la decisión de tratarse ni un minuto más. Los desórdenes alimentarios han llegado a dominar completamente su vida, al punto de no saber ya qué es bueno para usted y qué no. Pida ayuda.

Capítulo 13

La mejor forma de ayudar

LOS PADRES

No hay una receta única para ayudar a un hijo que tiene un problema, cualquiera que éste sea. La bulimia y la anorexia no son la excepción. Sin embargo hay mucho que los padres pueden hacer para enfrentar el problema que no es únicamente del hijo sino de toda la familia. En principio deben ser sinceros consigo mismos y tener una actitud abierta, que les permita situarse en un lugar estratégico para analizar la situación y actuar de la forma más efectiva posible.

De nada les servirá sentirse culpables por el problema de su hijo, así como tampoco será de gran ayuda esconder la cabeza como el avestruz. La infinita paciencia tampoco es lo más aconsejable en estos casos, pero la intromisión intempestiva en la vida del hijo tampoco lo es. ¿Y entonces?

En principio infórmese todo lo que pueda y luego siéntese a reflexionar con calma sobre la educación de su hijo.

El psiquiatra infantil norteamericano, Joseph R. Novello, profesor en la Universidad de Georgetown, Washington D.C, insiste en que el mejor tiempo para planificar la estrategia referente a la crianza de los niños, es antes de que el primer hijo nazca. ¿Cuál es el propósito de traer niños al mundo? ¿Cuáles son los valores éticos y educativos para los padres? ¿Cuál será su relación con los niños? ¿Cómo se comunicarán? ¿Cómo serán disciplinados?

Estas y muchas otras preguntas deberían ser hechas antes de convertirse en padres. ¿Qué pasaría si la pareja descubre algunas diferencias básicas en la educación de los hijos? ¿No sería mejor descubrirlas a tiempo y antes de que produzcan una crisis matrimonial posterior? Aunque no es necesario que ambos padres estén de acuerdo en el 100% de las veces, es necesario conocer estas diferencias y resolverlas cooperativamente. En efecto, los niños que crecen en un hogar donde el padre y la madre están comprometidos uno con el otro, están aprendiendo una experiencia importante en la vida.

Si la pareja nunca se ha sentado a conversar sobre estos temas, o bien si están separados, la aparición de un problema en su hijo bien puede estar indicando que ha llegado el momento de hacerlo. Ponerse a pensar y a expresar claramente cuáles son los deseos y las expectativas y las propias frustraciones proyectadas sobre el hijo es fundamental para empezar a separar la paja del trigo: por un lado reconocer y enfrentar el problema particular del hijo y por el otro, hacer un profundo examen de conciencia que determine cuáles son las fronteras de la influencia y la orientación que como padres se tiene el derecho -y la responsabilidad- de ejercer.

PARA TENER EN CUENTA

El enfoque de cierta rama de la psicología, centrada en la *"Comunicación Humana y los Sistemas Humanos"* sostiene que:

1- la anorexia o la bulimia son síntomas que *"muestra"* un miembro del sistema familiar.

2- Que todo síntoma es una conducta y que toda conducta es una forma verbal o analógica de comunicación (aun el silencio o la pelea).

3- Que en la familia de un/a adolescente anoréxico-bulímico, ocurre un desajuste entre los sistemas de creencias de padres e hijos/as que vuelve desarmónica la comunicación.

4- Que las presiones sociales del consumismo en el que vivimos colaboran para la conformación de la identidad que lo/la obligan a la construcción de una idea de sí y de su independencia, muy diferente a lo que los padres tienen concebido para su hijo/a produciéndose un desequilibrio entre lo que éstos esperan y lo que él/ella precisa y hace. Es lo que se llama *"la lucha de poderes"*.

5- La desarmonía familiar da cuenta de que el sistema de creencias sobre las que probablemente los padres construyeron su familia caduca al ser rivalizado por el de su hijo/a (de otro modo continuaría vigente sin manifestación de incomodidad). La consulta terapéutica familiar puede ayudar a rescatar y describir el nuevo criterio de creencias que surge en el sistema familiar y que se conforma con los aportes de unos con otros miembros y finalmente confirmarlo.

LOS MAESTROS

La escuela es uno de los lugares donde se muestran los primeros signos de los desórdenes alimentarios. Los docentes pueden darse cuenta del problema si tienen una buena comunicación con sus alumnos.

Cada vez más se ofrecen charlas de capacitación a docentes y alumnos en lo concerniente a la problemática de la bulimia y la anorexia, por eso es importante la lectura que estos pueden hacer sobre los comportamientos de los adolescentes. Esté atento y actúe como consejero.

- El recreo

Esta pausa para que sea aprovechada, debe constituir un momento de relajación de los estudiantes a fin de que puedan reponer energías para continuar las actividades de la escuela. También es el momento en que se hacen amigos y visitan el bar de la institución. Los adictos a las dietas aprovechan este momento para hablar del último régimen de moda.

- El alumno perfecto

Los alumnos ejemplares generalmente sólo pueden ser admirados. Sin embargo el perfeccionismo es uno de los rasgos de la personalidad del anoréxico. Observe su cuerpo:¿está por debajo del peso normal?

- La educación física

El deporte y el ejercicio físico son fundamentales para el desarrollo saludable de los jóvenes. Sin embargo su exceso cuando se practica con el único fin de bajar de peso no es beneficioso.

- El estado de ánimo.

La convivencia con los alumnos permite que se puedan advertir los cambios de carácter. Si se observa agresividad, ira, abatimiento accesos de llanto o inestabilidad emocional hay razones para suponer que se está frente a un adolescente con patología alimentaria.

- Falta de concentración

A veces en las clases los alumnos parecen ausentes, y esto significa que algo les preocupa. Muchas veces el motivo de preocupación es una nueva dieta, la dificultad con la imagen corporal, la falta de autoestima, las calorías de los alimentos, el número de la balanza. Como profesor puede acercarse a conversar con el adolescente y averiguar qué es lo que lo obsesiona. Muéstrele que existen otros valores en la vida.

ANIMESE A INTERVENIR

1- Hable abierta y libremente sobre el problema y haga preguntas directas sobre los comportamientos alimentarios de la persona bulímica o anoréxica.

2- Escuche lo que le responde y trátelo con respeto. No agregue más culpa a la que ya tiene y no se burle de su problema delante de otras personas, mucho menos de sus amigos.

3- Anímelo a buscar ayuda profesional.

4- Los padres que notan síntomas de anorexia o bulimia en sus hijos adolescentes deben pedir a su médico de confianza o pediatra que los derive a un psiquiatra de adolescentes o niños que comprenda el tratamiento de estos desórdenes.

5- Infórmese acerca del problema para evitar confundirse aún más.

6- No insista al chico a comer. Dígale que lo ve decaído y anímelo a hacerse un chequeo médico.

ADOPTE COMPORTAMIENTOS PREVENTIVOS

7- Organice y haga que se respeten los horarios de las comidas en el hogar. Tal vez un pequeño cambio de actitud en la modalidad de alimentarse de toda la familia haga que su hijo reconsidere sus hábitos desordenados.

8- Muéstrese comprensivo y abierto al diálogo. Maneje su propia ansiedad dialogando con profesionales y otros adultos de su confianza.

9- No acuse, amenace ni haga sentir avergonzado al adolescente.

10- Predique con el ejemplo. Revise sus propios hábitos alimentarios y pregúntese cuál es el valor que tiene para usted el aspecto físico.

11- Haga un balance de su propia historia: ¿realmente la delgadez lo protegió contra los problemas?

12- Asista a un grupo de autoayuda para padres y consulte acerca del modo de convencer a su hijo de ponerse en tratamiento.

13- No le ponga títulos como *"sos una anoréxica"* o *"sos una bulímica"*. No defina a su hijo por su enfermedad.

14- No insista a sus hijos para que se vean espléndidos. En cambio estimúlelos a iniciar actividades de su interés como deportes o alguna tarea artística en la que puedan expresarse.

15- No fomente la competencia entre hermanos. Cada uno tiene sus propios valores.

LA CUESTION DE LOS LIMITES

Si le digo que no, ¿lo estaré reprimiendo? Esta pregunta ronda permanentemente en la cabeza de todo padre preocupado por que su hijo crezca libre y sano. La respuesta, por supuesto, es bastante compleja, pero también muy esclarecedora.

Cuando un chico nace es un ser indefenso y vive gracias al afecto y al cuidado, principalmente el prodigado por la madre. Cuando deja la cuna es necesario comenzar a ponerle límites, es decir: indicarle lo que no debe hacer para preservarlo. El límite le marca donde está el peligro, por ejemplo *"no toques el enchufe"*, dicho en un tono firme y seguro va a permitir que el chico adquiera confianza en que el adulto le marcará por dónde puede ir. Un grito no necesariamente es represivo, sí lo es castigar, encerrar o ejercer una violencia desmedida, como una paliza muy fuerte. Pero la represión sobre los hijos no solo se puede ejercer en forma de castigos físicos sino también síquicos, por ejemplo con dobles mensajes como *"mamá no te va a querer más"* y los mandatos (*"tenés que ser abogado como papá"*) que encubren el mensaje *"serás lo que debas ser o no serás nada"*. Esto genera inseguridad y temores en el chico. En cambio el límite que viene del adulto, ya sea del padre o del docente, favorece el crecimiento, promueve la creatividad y permite desarrollar la independencia y la seguridad. El límite puesto en el momento adecuado favorece la autoestima.

En los adolescentes la cuestión de los límites adquiere matices particulares. En primer lugar, hay que partir del hecho de que es sano que el adolescente intente transgredir, para seguir autoafirmándose. Por eso no hay que temer ponerle límites; sin embargo hay que tener en cuenta que éstos no sólo tienen la intención de defender al hijo de los peligros del mundo, como en el caso de los niños pequeños. Con el hijo adolescente, las normas tienen que ver más con la seguridad de los padres. Es decir, cuando uno le dice a un hijo adolescente que vuelva a determinada hora y no más tarde, es porque uno como padre va a estar menos inquieto de este modo, y no porque los peligros reales sean menores. Si uno no le quiere prestar el auto a su hijo que ya sabe manejar, no necesita decirle: *"te van a robar, vas a chocar"*. En cambio, si le explica que no se lo da porque uno estaría intranquilo, aunque la discusión igualmente se genere, no va a infundirle inseguridad. Cada padre tiene que reconocer su propio límite de tolerancia y confiar en que es necesario para el hijo saber cuáles son estos límites, porque si bien un *"no"* puede causar frustración, que éste falte puede hacerlo sentirse a la deriva.

Sección 3

Cómo vencerla

Capítulo 14

Cómo organizar una buena alimentación

La *"buena alimentación"* es mucho más que proveerse de lo que el cuerpo necesita para estar perfectamente sano. Comer es, también, un acto social destinado a establecer lazos afectivos con otras personas. Por otra parte, como los humanos tenemos la sensación del apetito y no sólo del hambre, el momento de comer no únicamente implica la satisfacción de una necesidad biológica sino también una necesidad sicológica igualmente importante: la del placer.

Los trastornos de la alimentación se caracterizan, precisamente, por rechazar todos estos aspectos vinculados a la comida.

Se come mal o no se come, olvidando la salud en pos de un único objetivo estético -que el adicto a la dieta no puede disfrutar porque uno nunca se siente bien-. Como tiene miedo de fracasar en su dieta, se priva de reunirse a comer y si accede a sentarse a la mesa no disfruta de la misma comida que el resto, permaneciendo siempre ajeno a los comentarios sobre el sabor de los alimentos.

Jamás come lo que le gusta y de tanto consumir alimentos dietéticos, termina por volverse adicto al edulcorante. Tantas privaciones, a la larga, desembocan en el consabido atracón o en un sentido de insatisfacción permanente.

¿Es posible comer lo que a uno le gusta, lo que el cuerpo necesita y mantenerse en peso?

Por supuesto que sí, pero además es el único modo de

cortar el círculo vicioso de las dietas, los ayunos y los atracones. No se pueden detener a los atracones si se persiste en la idea de hacer dieta. Sólo llevando adelante una buena alimentación es posible resolver el problema de la bulimia y la anorexia y, además, de permitir que el cuerpo naturalmente se mantenga en su peso justo.

LOS DIEZ PUNTOS CLAVE DE LA NUTRICION

1- Elegir principalmente alimentos protectores

Hay dos grandes grupos de alimentos: los que protegen al organismo y los que no lo hacen, llamados comida chatarra. Los primeros no sólo son inofensivos, sino que también aportan beneficios a nuestro cuerpo. Se los llama protectores porque si no se incluyen en la alimentación básica, a la larga el organismo acusará una deficiencia nutricional que puede desembocar en ciertas enfermedades. (Anemia, enfermedades degenerativas óseas, disfunciones hormonales, etcétera).

Los cuatro grupos básicos de alimentos protectores son los siguientes:
1-lácteos
2-carnes, huevos y legumbres
3-cereales, frutas y hortalizas
4-las grasas de origen vegetal

2- Comer pastas

Está comprobado que las pastas no engordan. Incluso, son muy necesarias para brindar energía al organismo porque contienen almidones complejos. Deben estar presentes en toda alimentación equilibrada: un plato de ravioles con salsa de tomates naturales, una porción de vegetales y una de carne pueden comerse con total tranquilidad.

3- No abusar del café ni del té

Un pocillo de café contiene una dosis de cafeína.

Más de cuatro dosis de cafeína resultan tóxicas para el organismo. Las consecuencias de esta intoxicación pueden ir desde el insomnio hasta riesgosas arritmias cardíacas.

Reemplácelos por mate cocido, tes de hierbas no diuréticas, o café de malta.

En todo caso, cuando empiece a comer adecuadamente verá que sus ganas de tomar tanto café disminuyen notablemente.

4- Consumir todo tipo de verduras

Es fundamental consumir gran variedad de vegetales de diferentes colores -verdes, amarillos, rojos-. De este modo, se garantiza el aporte de vitaminas y minerales que el cuerpo necesita. Recordemos que la comida es el combustible del cuerpo y de una buena alimentación sacamos la energía para encender el motor cada día. Para respirar, regenerar la piel y el cabello, para tener una mirada brillante y estar de buen humor se necesita una correcta nutrición.

5- Organizar las compras de la semana

Cuando vaya al supermercado no llene el carrito con cualquier cosa ni compre golosinas al por mayor para ahorrar dinero. Elija los productos verdaderamente necesarios para su familia: verduras, frutas, pastas, cereales, legumbres y carnes magras.

6- Prepare su plan de comidas

Toda persona que quiera tener una buena alimentación debe aprender a dejar de improvisar. No es conveniente llegar a la casa, luego de estar todo el día fuera, y no saber qué se va a comer. Hay muchas personas que, recién de vuelta en su hogar, abren la heladera y esperan resolver en ese momento la gran incógnita que representa la cena. La solución para ese mal hábito es destinar un día para organizar el menú semanal y hacer las compras en base a él. Acostúmbrese a tener en la heladera un bol con espinacas hervidas, otro con lechuga cortada, tomates lavados, huevos duros, caldo de verdura, hamburguesas magras o pechugas de pollo para poder utilizarlas al instante. Las cocinas de microondas y el freezer son de gran ayuda para esta tarea.

7- No poner el trabajo como excusa

Mucha gente asegura que come mal porque no dispone de tiempo debido a sus obligaciones. Esto lleva a comer rápido, generalmente comida chatarra. Esto se puede solucionar de varias maneras:

-con un desayuno completo, para que la primera comida del día aporte una cantidad importante de nutrientes.

-tomarse 15 minutos para almorzar una ensalada de papas, huevos y vegetales, una porción de pescado, o yogures con frutas. Todo esto ya es posible comprarlo en cualquier negocio de comidas rápidas. Lo importante es hacer un alto a esta hora del día, para comer algo que le agrade y le haga bien. De este modo, evitará acumular hambre y así las consecuencias conocidas.

-trate de llevar su propia vianda, con lo que además ahorrará dinero.

8- Tome el desayuno

No desayunar significa privarse de un aporte de energía fundamental durante la mañana. En esta primera comida es necesario que haya una parte de lácteos, una fruta y un almidón, como galletitas o copos de maíz.

9- Consumir aceites vegetales

La mayoría de las personas que llegan a los 45 años o más con altos niveles de colesterol lo padecen debido a una mala alimentación. El colesterol alto es la puerta de entrada a los problemas cardíacos, y controlar su nivel es algo fundamental. Para ello, sólo hay que limitar la ingestión de grasas animales y elegir aceites vegetales.

10- Cocinar los alimentos adecuadamente

Es fundamental conocer las mejores formas de cocción para mantener al máximo el valor nutritivo de los alimentos, realzando su sabor.

Los que siguen son los cuatro principios básicos de la cocción:

1. Las carnes deben prepararse al horno o a la parrilla.
2. Las verduras deben servirse crudas o cocidas muy poco tiempo, preferentemente al vapor.
3. Las pastas y cereales deben cocinarse al dente, es decir, deben estar semiduros para la masticación.
4. No hay que comer fritos más de una vez por semana. Al hacerlo, el aceite no debe ser vuelto a utilizar.

LOS MITOS DE LA COMIDA

Existen numerosas frases hechas respecto a la nutrición que, en realidad, no tienen ningún sustento. Algunos de estos mitos de la alimentación son los siguientes:

1. Hay alimentos que engordan

Formulada de esta manera, la frase es falsa. Tendríamos que expresar que un desequilibrio en el balance alimenticio suele tener como consecuencia, un sobrepeso. La prueba de esto son los animales silvestres. No existen animales obesos, salvo los domésticos, cuya dieta es preparada por sus dueños humanos. El animal en condiciones de vida natural dispone de todos los nutrientes necesarios, pero -y ahí está la clave- sólo elige los que su cuerpo necesita.

2. Los huevos tienen mucha grasa

No es así. En realidad los huevos (en especial hervidos hasta endurecer), tienen gran poder de saciedad, pero en realidad poca grasa.

3. Las carnes rojas producen ácido úrico

En realidad, todas las carnes generan la producción de ácido úrico, razón por la cual están absolutamente contraindicadas en las dietas de enfermos de gota.

4. Las salsas caen pesado

Depende de la salsa: las hechas con tomates, cebollas, ajos y un poco de aceite son livianas y pueden consumirse con moderación.

5. Las vitaminas engordan

Contrariamente a lo que la mayoría de las personas piensan, únicamente las calorías de grasas, proteínas e hidratos de carbono proveen energía y pueden producir sobrepeso. Las vitaminas no tienen calorías, por lo que no pueden engordarnos.

6. Hay gente que nace para ser gorda

No es así. Aunque es un hecho comprobado que la herencia influye fuertemente en el tamaño y forma de su cuerpo, usted no hereda la obesidad de la misma forma que el color de sus ojos o el tono de su piel. En cambio, usted puede tener una predisposición genética hacia la obesidad. Esto significa que tener parientes con sobrepeso lo hace a usted más vulnerable -pero no predestinado- a ser obeso. Si come adecuadamente lo que su cuerpo necesita, pero distribuido a lo largo del día, y demás hace actividad física moderada, se mantendrá perfectamente en peso toda su vida.

7. La manteca engorda más que el aceite

Esto es falso. A igualdad de cantidades, el aceite y la manteca contienen la misma cantidad de calorías. Una cuchara de té de cualquiera de ambos representa 40 calorías.

8. El ayuno elimina impurezas y toxinas

No existe evidencia alguna que apoye esta afirmación. Para la mayoría de las personas, un día de ayuno no es saludable ni peligroso. Pero ayunos más prolongados ponen en riesgo la salud. Los peligros incluyen deshidratación, descenso de la presión arterial, e irregularidad en los latidos cardíacos.

9. Es ideal ingerir únicamente alimentos de origen vegetal

No es así. Una dieta completa y equilibrada debe incluir una porción determinada de todos los grupos de alimentos. Prescindir de alguno de ellos sin un adecuado control profesional, conduce inevitablemente a una carencia nutricional.

LA ALIMENTACION DEL BUEN ANIMO

La alteración del estado de ánimo siempre acompaña a los problemas alimentarios. A veces, se sufre una depresión profunda originada en problemas personales, y en otros casos hay una fuerte disconformidad que se origina en el modo de actuar frente a la comida.

Aunque cueste entender la estrecha relación que hay entre los alimentos y la estabilidad emocional, lo cierto es que ambos factores se determinan mutuamente. Recuerde que para combatir la bulimia y la anorexia es necesario adoptar un plan de revitalización emocional que le proporcione las energías necesarias para sentirse bien. La ayuda terapéutica, el fortalecimiento de la autoestima y la valoración de la propia imagen corporal forman parte del plan que cada uno debe diseñar.

Para que el plan de revitalización emocional le brinde óptimos resultados, es necesario acompañarlo con una nutrición acorde a la etapa de cambios que se está atravesando. Si su alimentación es desordenada, pobre en nutrientes esenciales, rica en grasas y alimentos difíciles de digerir, perderá demasiadas energías en recuperarse de los malestares que le ocasionarán sus malos hábitos. Si uno se siente pesado, o por el contrario se muere de hambre por seguir una dieta ínfima en calorías, no contaría con el ánimo necesario para entregarse a su crecimiento personal. Una alimentación adecuada, para esta etapa, es la que respeta sus gustos y lo hace sentir bien, teniendo en cuenta sus necesidades particulares, respetando las indicaciones de su médico, si por ejemplo le han prohibido el azúcar, la sal o las grasas.

Será bueno que pueda incorporar todos los nutrientes necesarios como vitaminas y minerales provenientes de las frutas y verduras, para mantener a su cuerpo joven y activo ahora y en el futuro. Por ejemplo:

-Los hongos y la radicheta son buenas fuentes de selenio, un mineral reconocido por sus virtudes para mantener fuerte el corazón.

-El pescado es una excelente fuente de proteínas animales, por lo que es ideal para reemplazar las proteínas de la carne -que suele venir acompañada con grasas- y es conveniente incluirlo por lo menos dos veces por semana. El pescado -especialmente el atún, el salmón y la trucha- posee un tipo de grasas buenas para el corazón, que se conocen como ácidos grasos omega-3, que aumentan el colesterol bueno.

-El ajo no sólo es un condimento muy apreciado sino que se ha demostrado que disminuye el nivel de presión arterial y favorece la circulación sanguínea.

-Trate de reducir su ingesta de grasas, eligiendo leche descremada, carnes magras y quesos blancos.

-Beba suficiente agua -dos litros diarios- y consuma alimentos ricos en este elemento como las verduras verdes, a fin de contribuir al proceso de desintoxicación orgánica.

Capítulo 15

La pirámide de la alimentación saludable

Al haber perdido el hábito de comer bien, es difícil reconocer cuáles son los mejores alimentos para mantenernos en plena forma. Pero, a medida que se avanza en el seguimiento de un plan alimentario equilibrado, el cuerpo comienza a *"pedir"* lo que necesita. Mientras llega a ese punto de reconocer naturalmente los mejores alimentos para conservar la salud, este gráfico le será de gran ayuda. Rápidamente, al consultarlo encontrará la respuesta que lo guiará a hacer una buena elección.

La pirámide muestra cuáles son los alimentos más convenientes para garantizar un adecuado equilibrio de la alimentación. Tenga en cuenta que todos los grupos de alimentos deben estar presentes en la dieta diaria, para cubrir la totalidad de los nutrientes indispensables para el organismo (vitaminas, minerales, aminoácidos, ácidos grasos esenciales, etc.).

Grasas, azúcares, confituras, postres, alcohol, bebidas azucaradas. Como aportan muchas calorías y pocos nutrientes, es aconsejable comerlos con sobriedad.

Alimentos de origen predominantemente animal: lácteos, carnes rojas y blancas, huevos y nueces. Son necesarios para asegurar el aporte diario de proteínas. Un consumo bastante moderado cumple con esta finalidad.

Alimentos de origen vegetal: legumbres, verduras y frutas. Imprescindibles porque garantizan la cuota cotidiana de sales minerales, fibras y vitaminas. Incorpórelos en forma abundante.

Cereales y derivados, como los panes, las pastas, el arroz y los productos de horno. Son principalmente una fuente de carbohidratos y se encuentran en la base de la alimentación, porque de ellos debe provenir el 6 % del aporte nutricional del día.

Capítulo 16

Cómo mantener el peso bajo control

Uno de los errores más comunes de los fanáticos de las dietas, es pensar que si empiezan a comer de todo van a engordar. Por eso, se resisten a terminar una dieta, aunque estén en su peso justo.

Es importante entender que la dieta no es un método adecuado para mantener el peso durante toda la vida. La finalidad de las dietas adelgazantes es reducir el sobrepeso, pero una vez logrado este objetivo es necesario olvidarse completamente del régimen y empezar a comer normalmente.

La ganancia y pérdida alternada de peso, conocida como *"mecanismo yo-yo"* o *"efecto rebote"*, ocurre porque quien ha estado sometido a una dieta muy rigurosa, una vez que abandona el régimen empieza a desbandarse como para compensar todas las privaciones sufridas con anterioridad. Es importante aclarar que esta especie de trampa sicológica no es fácil de reconocer. Entonces, uno piensa que la única solución para mantenerse en peso es hacer más dieta.

A lo largo de los capítulos anteriores hemos explicado detalladamente por qué quien ha padecido un trastorno alimentario debe desechar, completamente, la idea de hacer dieta y en cambio inclinarse por un plan alimentario equilibrado, que le permita tener un control sobre su propia conducta. Este control que puede hacerse casi sin esfuerzo, porque es el método más natural de alimentarse, el que va a permitir no engordar, sobre todo si se acompaña con una actividad física moderada.

DIEZ CONSEJOS PARA CONTROLAR EL PESO

1- No siga las dietas por una cuestión de moda.
En general, estos planes de adelgazamiento no están diseñados para reeducar sus hábitos de alimentación. Haga tres o cuatro comidas diarias importantes y agregue una o dos colaciones -una fruta, un huevo duro, un yogur- en las horas intermedias.

2- Para prevenir la constipación, coma pan, cereales integrales, fruta fresca y vegetales. Tome suficiente cantidad de agua. Es bueno comenzar el día con un desayuno que incluya cereales y tostadas de pan de salvado.

3- No abuse del azúcar ni de las comidas con alto contenido en azúcares refinadas, como bebidas gaseosas, jugos artificiales, jaleas, dulces, bizcochuelos, tortas y confituras glaceadas.

4- No consuma productos dietéticos o light indiscriminadamente. Estos calificativos no lo avalan para excederse. Recuerde que todo lo artificial tiene agregados químicos que no benefician en nada al organismo. Las llamadas *calorías vacías* no aportan ningún tipo de nutrientes.

5- Consuma suficientes vitaminas. Si lo necesita, consulte con su médico acerca de la posibilidad de tomar un suplemento de vitaminas y minerales diario. Quien ha seguido un régimen hipocalórico durante largo tiempo, suele presentar carencias vitamínicas que provocan debilidad y abatimiento. Para que su organismo pueda absorber el máximo de hierro aportado por las comidas principales, espere una hora, antes de tomarse un té o un café.

6- No hay comida que no pueda comerse ocasionalmente. El problema de los chocolates, tortas y vino es la cantidad. Si se permitió un pequeño gusto, disfrútelo. Pero tómelo como una excepción, no como un hábito. Y recuerde que comer algo que antes se consideraba prohibido es un acto que comienza y termina allí mismo. Este no tiene porqué ser el paso previo a un atracón.

7- Si come afuera, continúe cuidándose. Elija platos ricos, pero coma sólo lo que desea, no más. Pida una ensalada de verduras condimentadas con aceite de maíz y jugo de limón; coma pickles o verduras crudas, mientras espera el plato principal. Tome agua mineral y si toma vino, trate de no excederse de un vaso.

8- No tome gaseosas para calmar la sed; hágalo sólo cuando necesite algo dulce. Estas no calman la sed mejor que un jugo de frutas. El agua mineral es el mejor remedio para la sed y otorga más bienestar que las gaseosas. Si tiene tendencia a sentirse hinchada, recuerde que el gas contenido en este tipo de bebidas suele ser el responsable.

9- Trate de mantenerse alejado de las bebidas alcohólicas.
El exceso de alcohol es uno de los factores que más llevan a descontrolarse con la comida.

10- Si entra en una *"meseta"* tenga paciencia. La meseta es una capacidad de adaptación del cuerpo para sobrevivir a situaciones de desnutrición. Sin embargo, también puede experimentarla alguien que sigue un régimen bajo en calorías, durante un tiempo prolongado. Se reconoce porque uno deja de bajar de peso a pesar de seguir el plan alimentario correctamente. Si le sucede, recuerde que su cuerpo debe adaptarse al nuevo ordenamiento de la alimentación, pero sólo de este modo logrará hallarse en su peso ideal. Siga el plan de comidas más que nunca.

Capítulo 17

Sepa cuál es su tipo físico

La constitución de una persona se define por el biotipo. Existen las longilíneas (miembros mayores que el cuerpo) y las brevilíneas (de miembros más cortos). Las primeras, altas con líneas alargadas y proporcionalmente más finas, forman el ejército de los delgados. Endocrinólogos y preparadores físicos adoptan patrones matemáticos para definir obesidad y delgadez. El índice de la masa ponderal, fácil de calcular, sirve de referencia. Lápiz y papel (o calculadora) en mano, haga la siguiente cuenta. Su peso dividido por el cuadrado de su altura. Siga el ejemplo para visualizar la cuenta, admitiendo que usted tenga 60 kilos y 1,70 metros. Vea: $60 / 1,70^2$. Tenemos $60 / 2,89 = 20,76$, que es el índice ponderal. Con ese resultado, independientemente del sexo, usted estaría en la media. La siguiente tabla confiere la expresión numérica de la relación peso/estatura.

	HOMBRE	MUJER
Delgadez pronunciada	hasta 15	hasta 13
Delgadez	15/20	13/18
Normalidad	20/25	18/23
Gordura	25/30	23/28
Obesidad	arriba de 30	arriba de 28

El ideal para el hombre es estar entre 20 y 25. Alguien debajo de 18 será flaco, pero no como para llamar la atención. Con un índice inferior a 15, entonces, un individuo del sexo masculino revelará delgadez pronunciada, capaz de comprometer la salud. Para la mujer, el límite es 13. Claro que el índice ponderal establece una faja generosa para definir quien está por debajo o por arriba del peso. Existen recursos más sofisticados como, por ejemplo, la informática. Con programas desarrollados en Estados Unidos, adaptados al biotipo de cada país, las computadoras no sólo establecen el peso ideal, sino que desarrollan rutinas de ejercicios variados y dieta individualizada. ¿Y por qué tantos recursos? Porque cada caso es diferente de otro. Un jugador de fútbol, por ejemplo, puede estar diez a doce kilos arriba de su peso sin tener ningún exceso de grasa.

Capítulo 18

Por qué fracasamos al hacer una dieta

"*Ayer no comí nada en todo el día y hoy estoy hecha una vaca*", "*Como toneladas de verduras y engordo igual*", "*Yo no sé por qué, pero aumento de peso aunque como cada vez menos*". Errores que cometen quienes optan por un régimen y establecen sus propias reglas... que serán quebradas, sistemáticamente, cada vez que se lo propongan. Antes de proponerse hacer una nueva dieta *"milagrosa"* y fracasar nuevamente, analice detenidamente cada una de estas diez trampas en las que caemos una y otra vez.

Comprenderá, entonces, porqué resulta mucho más conveniente adoptar un programa alimentario razonable que pueda seguirse de ahora en adelante, que someterse a regímenes drásticos de una semana o 21 días que, además de falsas promesas, pueden llevarlo a perder la salud.

Antes de entrar en detalles sobre los alimentos básicos que deben componer una dieta razonable, es necesario aclarar que todo régimen para bajar de peso debe cumplir las leyes de la nutrición que son: la cantidad, la calidad, la armonía y la adecuación.

El problema que se presenta en muchas personas es la falta de conocimientos básicos de nutrición como para saber, por ejemplo, cuántas calorías necesitan para mantener la salud y, al mismo tiempo, poder bajar de peso. Además, se debe tener en cuenta que la cantidad de calorías que debe consumir cada persona es completamente diferente, porque se tienen que tomar en cuenta:el peso actual, el peso deseado, el peso previo a la obesidad, la estatura, la actividad física, el sexo, la edad, etc. Recién en función de estos factores, el profesional está capacitado para decidir cuántas calorías debe consumir la persona que desea bajar de peso. Una vez decidido, se establece la distribución armónica y porcentual en que se aportarán los hidratos de carbono, las proteínas y las grasas.

Los hidratos de carbono

Respetando la ley de la armonía, se establece que el 50 por ciento del valor calórico total de la dieta debe ser aportado por los hidratos de carbono, también llamados carbohidratos. Sin embargo, es importante seleccionarlos (los más recomendables son los cereales integrales y sus derivados, legumbres, hortalizas, frutas), a fin de incorporar con ellos vitaminas, minerales y fibra.

Se recomienda ingerir los carbohidratos complejos y no los simples (los monosacáridos -glucosa- y los disacáridos -sacarosa o azúcar-) porque estos últimos se absorben rápidamente, produciendo una gran estimulación de la secreción insulínica. Esta reacción tiene una gran acción en el tejido graso, porque frena la degradación del tejido adiposo y hace que se forme una mayor cantidad de este tejido, al mismo tiempo que le da la orden a las células hepáticas para que produzcan más grasa (triglicéridos). Por lo tanto, lo que se pretende a través de la dieta es mantener un bajo estímulo insulínico para favorecer la degradación de grasa.

Los hidratos de carbono de una dieta deben sumar como mínimo 150 gramos (cada gramo aporta cuatro calorías) y estar distribuidos en forma regular durante las 24 horas del día para asegurar el buen funcionamiento orgánico. No obstante, a veces hay excepciones: por ejemplo, si a una persona se le prescribe una dieta de 1.000 calorías, la cantidad de hidratos de carbono que tendría que consumir es de 125 gramos. Sin embargo, como esta cantidad es insuficiente -en este caso- se le deben dar 150 gramos para cubrir los requerimientos de los tejidos dependientes de la glucosa (cerebro, glóbulos rojos, tejidos que mantienen el sistema inmunitario). Por el contrario, en el caso de un deportista en actividad que se excedió de peso, al que se le recomienda una dieta de 2.000 calorías recibirá 250 gramos de hidratos de carbono. Con esta dieta ese deportista va a bajar de peso, porque la cantidad de nutrientes está en relación con lo que necesita para satisfacer sus necesidades básicas.

Las proteínas

Las proteínas están presentes en todas las células y cumplen con funciones muy variadas (constituyen los diferentes tejidos del organismo y están contenidas en la hemoglobina, que transporta el oxígeno en la sangre). Cada gramo de proteína aporta cuatro kilocalorías. Existen dos tipos de proteínas: las de alta calidad o alto valor biológico que poseen todos los aminoácidos esenciales, y las de menor calidad, incompletas o de bajo valor biológico, que deben ingerirse en combinación con otras proteínas incompletas o completas, para complementarse mutuamente y aumentar el contenido de aminoácidos esenciales.

Se recomienda que alrededor de un 12 a 15% del valor calórico total de la dieta se ingiera como proteína, lo que significa aproximadamente un gramo de proteína por kilogramo de peso corporal por día (una persona que pesa 70 kilogramos necesita consumir 70 gramos de proteínas por día). Cuando la actividad física es intensa (por ejemplo, correr todos los días), la cantidad de proteínas necesarias se eleva a 1,2 gramos /kilogramos /día (en este caso esa persona tiene que ingerir 84 gramos por día).

Las grasas

Antes que nada hay que diferenciar entre las grasas saturadas y las insaturadas. Las primeras provienen del reino animal y su consumo está relacionado con un aumento del colesterol sanguíneo (LDL) y la aparición de enfermedades cardiovasculares. Los ácidos grasos insaturados provienen en general del reino vegetal -excepción hecha del pescado, muy rico en poliinsaturados- y se los asocia con mayores niveles de colesterol bueno (HDL) y menor incidencia de trastornos cardíacos por su acción protectora. Por esta razón, hoy en día se tiende a disminuir la ingesta de las grasas saturadas.

En relación a la dieta, el porcentaje de grasa recomendable recién se completa después de determinar las cantidades necesarias de hidratos de carbono y proteínas. Si bien es cierto que la grasa no debe superar el 30% de las calorías totales, es interesante saber que son indispensables para el organismo porque aportan al cuerpo ácidos grasos esenciales (ácidos linoleico y linolénico) para mantenerlo sano. Además, junto con los hidratos de carbono, constituyen una fuente de energía y favorecen la absorción de vitaminas liposolubles.

Completada la distribución armónica de los hidratos de carbono, las proteínas y las grasas, se fijará el valor vitamínico y mineral de la dieta prescripta, así como también las características fisicoquímicas y la distribución de los alimentos para el día.

LOS ALIMENTOS INDISPENSABLES

Una vez que se diseña la dieta para bajar de peso, el nutricionista elige las comidas que la van a componer. Dentro de esta selección se prioriza a los alimentos protectores, es decir, un grupo de nutrientes encargados de cubrir las necesidades básicas del organismo (hierro, potasio, vitaminas, minerales, etc). Esta dieta debe estar distribuida en cuatro comidas y dos colaciones, una a media mañana y otra a media tarde.

Se puede considerar que con la elección de estos alimentos protectores y siempre y cuando el paciente no tenga otro problema orgánico que la obesidad, no es necesario ningún suplemento extra, porque todos sus requerimientos están cubiertos por los alimentos de su dieta. Por lo tanto, la consumición de suplementos sólo está recomendada para personas con problemas específicos de salud o que tienen que bajar de peso sí o sí con una dieta inferior a las 1.000 calorías. En este último caso es fundamental recetar suplementos, porque con una dieta tan baja en calorías no se llegan a cubrir los requerimientos mínimos necesarios.

¿Y LOS ERRORES?

Todo lo explicado hasta aquí intenta ponerlo al tanto de cuál es la forma correcta de instrumentar una dieta. El problema es que todos los planes de alimentación tienen altas probabilidades de fracasar cuando la persona que está a régimen no cumple estrictamente sus dictámenes, pensando que un pequeño cambio o falta de control no influye en el resultado final, es decir, el peso. Para que esto no suceda, le advertimos de antemano cuáles son los errores más comunes que cometerá si no presta atención a las indicaciones de su dieta. Preste atención, porque aquí encontrará a los mejores saboteadores de los regímenes para adelgazar.

Comer menos de lo que indica la dieta

Este es un problema bastante común de la gente que está apurada en bajar de peso y piensa que de esta forma lo logrará más rápido. Además de estar equivocados, se enfrentan a un verdadero inconveniente: que al comer menos lo hacen indiscriminadamente, es decir, que bajan los niveles mínimos de carbohidratos o proteínas que el cuerpo necesita produciendo en el organismo una falencia importante.

Para bajar de peso, en caso de necesitarlo, es fundamental entender que para bajar la masa corporal grasa se necesita armonía en la alimentación, porque el organismo no sólo necesita combustible para moverse, sino también para bajar de peso. Si usted no baja de peso con la dieta que le indicó su médico, consúltelo nuevamente y él le indicará los cambios que debe hacer. Nunca decida por iniciativa propia qué elementos sacar de la dieta, porque influirá en su equilibrio orgánico (estado de ánimo, rendimiento, humor, etc).

Comer porciones excesivas de platos "dietéticos"

Las equivocaciones más comunes que se cometen con respecto a lo *"dietético"* son:
- Pensar que todos los alimentos que se promocionan como dietéticos son útiles para bajar de peso cuando, en realidad, solamente son recomendados para personas con ciertas enfermedades como la diabetes.
- Consumir vegetales sin límite pensando que no engordan. Lo que ocurre, en estos casos, es que la gente no sabe que hay ciertos vegetales -como los de pulpa: zapallo, zanahoria y zapallito- que se componen de hidratos de carbono de lenta absorción que hay que limitar, para no sobrepasar los 150 gramos mínimos que el cuerpo necesita por día y, así, evitar que se produzca un estímulo insulínico elevado. Por lo tanto, aunque los vegetales estén considerados como una comida sana y dietética, sino se respetan las cantidades indicadas en el régimen, se engorda.

No recordar lo que se come

Todos tienen la tendencia a subestimar cuánto comen. El *"factor de falsificación"* es extremadamente común entre las personas que hacen dietas. Hace poco, por ejemplo, los investigadores del Centro Médico Luke del Hospital Roosevelt, de Nueva York, Estados Unidos, encontraron que las personas que hacían dieta y honestamente creían que estaban consumiendo un promedio de

1.000 calorías por día, en realidad consumía 2.000 calorías diarias. Un consumo adicional de ¡1.000 calorías!.

Por lo general, las persona obesas tienen un gran desorden alimentario. Una de las frases que más se escucha en el consultorio es: *"me pongo a dieta y sólo como churrasco y ensalada"*. Lo que esas personas no saben es que, por un lado, no se llegan a cubrir los 150 gramos de hidratos de carbono necesarios para vivir bien y que, por el otro lado, se sobrepasan en la cantidad de proteínas que necesita el cuerpo. En estos casos, la reacción del organismo es convertir esa proteína en hidrato de carbono para darle al cuerpo lo que no recibe a través de los alimentos. A simple vista el resultado no es del todo malo, porque en los primeros 10 ó 15 días se baja mucho de peso por el gasto energético que tiene que hacer el organismo en esta transformación. Sin embargo, también se logra crear un gran desorden metabólico que hace que esos resultados se reviertan. Esta es una de las razones por las que el paciente obeso tiene un alimentación muy desordenada y un *"metabolismo muy maltratado"*.

Para engancharse con su programa alimentario y que todas las funciones metabólicas se readapten, usted debe hacer una dieta armónica que estabilice los procesos orgánicos. Para lograrlo, sólo necesita *"entrar en esquema"*, es decir, darle un orden a las comidas sin convertirse en un obsesivo. Recién cuando el organismo esté estabilizado y, por lo tanto, usted esté ordenado va a comenzar el descenso de peso, si el cuerpo tiene un exceso.

En ese sentido, la mejor manera de vigilar cuidadosamente lo que come, es llevar una agenda donde se registren los alimentos. Anote en él cada bocado que pase por sus labios. Algunas veces, basta con trasladar esta información al papel para tomar conciencia de lo que realmente consume.

Las transgresiones inevitables

No cabe duda que el deseo de comer algo dulce es

uno de los hábitos más difíciles de perder. El secreto está en saber cómo satisfacerlo sin sabotear la dieta, por ejemplo, comiendo una gelatina dietética. De esta forma, al suministrarle al organismo algo rico y con un delicioso sabor azucarado satisfará ese irresistible deseo de saborear algo sin alejarse tanto de su dieta. Pero si lo *"artificial"* no resulta suficiente para sacarse las ganas, es mejor retrasar un poco el adelgazamieno y ceder a una pequeña tentación de proporciones normales, que tirar todo por la borda. Recuerde que salirse del régimen una vez no autoriza a lanzarse a arrasar la heladera.

Excederse con el alcohol

Es muy común, especialmente, entre los hombres tentarse con una copita de vino o de wisky en una celebración u ocasión social. La mejor forma de no verse tentado por el alcohol, es pedirle al médico nutricionista que lo incluya en el plan de alimentación. Por ejemplo, un vaso de vino por día tiene 20 gramos de alcohol, es decir, unas 140 calorías que, por supuesto, habrá que restar de las calorías totales de la dieta. Claro está que esto se puede hacer siempre y cuando no haya ninguna enfermedad que contraindique el alcohol.

Practicar ayunos

El cuerpo fue diseñado para procesar los alimentos. Por lo tanto, cuando se ayuna se somete al organismo a una situación de estrés a la cual reacciona con una *"autofagia proteica"*, esto significa que el cuerpo, para sobrevivir, se come las proteínas. Tanto el cerebro como las células necesitan azúcar para vivir, por eso cuando no la reciben a través de los alimentos, el organismo transforma la proteína muscular, es decir, el músculo, en azúcar. El descenso de peso que se registra al otro día del ayuno es un efecto de la destrucción muscular y la liberación de agua que se produce con simultáneidad. Para que no tenga duda de lo destructivo que es el ayuno, le brindamos una cifra contundente: se calcula que en un día de ayuno se pierden entre 200 y 300 gramos de músculo. Recién a los 10 días de ayuno se invierte esta dependencia energética y el cuerpo empieza a utilizar sólo 20 gramos de músculo y mucha grasa.

El mecanismo del ayuno se refleja en el organismo de la siguiente forma: mientras una persona ayuna unas 12 horas, el cuerpo vive del músculo y el peso que se pierde es agua y músculo. Al otro día, esa persona come mucho porque tiene hambre y todo el cuerpo aprovecha para recuperase. Al otro día vuelve a ayunar y así sucesivamente hasta que un día se siente tan mal por los desórdenes orgánicos que le produjo el ayuno, que decide consultar a un médico. Le dan una dieta equilibrada, pero le advierten: hasta que no recupere todas las falencias que tiene su organismo (hierro, potasio, vitaminas, etc.) va a pasar un tiempo sin que note ningún cambio en la balanza. Recién cuando el organismo se equilibre, va a empezar a bajar de peso. Si bien para la mayoría de la gente un día de ayuno no es ni saludable ni peligroso, los que son muy prolongados ponen en riesgo la salud (deshidratación, descenso peligroso de la presión arterial, desintegración de músculos y órganos). Una advertencia: nunca ayune si tiene una enfermedad cardíaca, renal, hepática o es diabético.

Saltear el desayuno

Durante el día el organismo está activo y necesita el máximo de calorías y nutrientes para afrontar todas las actividades sin sentirse débil.

Después de cenar, el organismo se carga de energía y nutrientes durante unas 4 horas. Pasado ese tiempo, el cuerpo entra en una situación de ayuno fisiológico, es decir, que vive de reservas. Si una persona no desayuna o lo único que toma a la mañana es un té con edulcorante, mantiene esa situación de ayuno que repercute en todo el organismo y, especialmente, en sus músculos (ver punto anterior). Por esta razón, el desayuno es fundamental para cortar el ayuno fisiológico y darle al organismo los nutrientes que necesita para comenzar el día.

Llevar una vida sedentaria

El ejercicio es el principal aliado de la dieta a la hora de bajar de peso y buscar un buen estado físico. Cada persona gasta (según sexo, edad, talla y peso) unas 1.000 a 1.500 calorías en sus tareas de sobrevivencia o lo que se conoce con el nombre de gasto metabólico basal (el ejercicio también aumenta este gasto).

Si usted realiza ejercicios de manera aislada, se produce muy poca pérdida de grasa. El entrenamiento realizado de manera regular, en cambio, puede aportar una gran diferencia en un programa de control de peso. Por ejemplo: consumir 300 calorías durante una actividad física practicada tres o cuatro veces por semana, supone una pérdida de más de 5 kilogramos de grasa en un año, siempre y cuando la ingesta calórica sea la misma.

En promedio, una persona gasta de 100 a 150 calorías cada 10 minutos de actividad aeróbica. Esto no es mucho si consideramos que sólo un flan con dulce de leche contiene de 400 a 450 calorías.

Para que la acción de los ejercicios tenga éxito, deben estar dirigidos a una actividad de resistencia a largo plazo y tienen que practicarse durante un mínimo de 20 minutos por sesión. Por ejemplo: un hombre de 75 kilogramos que corre durante 30 minutos, gasta 340 calorías.

Muchos tienen tendencia a sobreestimar el tiempo que invierten en hacer ejercicio. Para calcular el tiempo real de actividad física lleve un reloj y anote el tiempo de actividad. No confunda tiempo de actividad con tiempo de ejercicio: vestirse, ducharse o conversar con los amigos no cuenta; a menos, claro está, que usted realice ejercicios al mismo tiempo.

Comer demasiada carne roja

La carne roja siempre fue acusada de ser la principal fuente de grasa, pero esto no es tan así. Veamos por qué:

La carne de vaca en sus cortes magros (cuadril, nalga, peceto) tiene un 5% de grasa, mientras que en el pollo y en el pescado también magros, se habla de un 3% de grasa. Sin embargo, los tres tipos de carne tienen un 20% de proteínas. Por esto, a la hora de elegir, convendría seleccionar pollo o pescado. Aunque, en la práctica, las carnes rojas (vaca) tienen mayor valor de saciedad que las carnes blancas (pollo y pescado).

La grasa contenida en el exterior de los cortes tiene mayor proporción de ácidos grasos saturados, precursores de la síntesis de colesterol, razón por la cual es preciso evitarla. Es necesario destacar que estudios realizados sobre el contenido de grasa interfibrilar (la grasa contenida entre las fibras musculares y no la que cubre a las mismas) tiene ácido graso linolénico que cumple funciones protectoras vasculares, como los ácidos grasos omega 3 de los pescados de mar.

El contenido de colesterol de la carne roja de buena calidad, proveniente de la vaca de pastoreo, supera ligeramente el contenido de colesterol del pollo.

Con respecto a la carne de cerdo hay que considerar que tiene un 20% de grasa y un 20% de proteínas. Por lo tanto, si bien usted la puede incorporar a la dieta, tiene que ser en poca cantidad.

Si usted es de los que piensa que la carne magra se puede comer en cantidades abundantes, está equivocado: 100 gramos de carne (un bistec o milanesa muy pequeña) tienen 20 g de proteínas y 5 de grasa, es decir, 125 calorías. 100 gramos de carne es una cantidad que parece escasa para los hábitos alimentarios de los argentinos o uruguayos, pero no para los europeos y los orientales. Recuerde que si se aumenta esta cantidad, también habrá un mayor aporte de calorías, proteínas y grasas. Lo ideal sería ajustarse a la cantidad indicada para cubrir los requerimientos de proteínas, realizando preparaciones culinarias complejas que darán con menor cantidad de carne, la sensación de mayor volumen, por ejemplo mezclándola con vegetales.

Obsesionarse con la balanza

Hasta la forma de pesarse puede ser positiva o contraproducente en una dieta. Lo ideal no es vivir sobre la balanza, sino pesarse una vez por semana. No olvide que cambios diarios en el agua corporal pueden hacer subir hasta un kilo. Pesarse con mucha frecuencia no le dará una imagen exacta de su pérdida de peso y lo puede desalentar. Por lo tanto, conviene pesarse con la misma ropa a la misma hora y en la misma balanza.

Un buen método es anotar el peso y elaborar una curva para darse cuenta de cómo varía éste a lo largo del año, y evitar que pequeños aumentos imperceptibles de 100, 200 ó 300 gramos se vayan sumando y se conviertan en kilos de más.

Pero ante cualquier aumento recuerde que la solución no es restringir la ingesta sino reordenar sus comidas.

HOMBRES Y MUJERES FRENTE A LA OBESIDAD

La obesidad femenina y masculina son diferentes, porque tienen distinta naturaleza y ubicación corporal. La obesidad androide (en el torso) es la que generalmente adquiere el hombre en la adultez y la obesidad ginoide es característica de la mujer (el tejido graso se acumula en la parte inferior del cuerpo, la cadera y los glúteos).

¿Por qué los hombres bajan de peso más rápido que las mujeres? La respuesta es sencilla: el manejo hormonal del depósito graso en la mujer y en el hombre son totalmente distintos. Cuando el hombre empieza a realizar actividad física y se controla con las comidas baja de peso enseguida en cambio, la mujer necesita complementarlo con una técnica de gimnasia bien localizada.

FACTORES QUE PROMUEVEN LA ACUMULACION DE GRASA

• **Las dietas muy bajas en calorías:** estos regímenes, a la larga, hacen más difícil el control del peso porque cuando se reduce en forma drástica el consumo de calorías, el organismo no sólo pierde grasa, sino también músculos. Además, las personas que hacen las *"dietas de pasar hambre"* tienden a comer de nuevo en exceso. Es mucho más razonable incluir ejercicios y hacer una dieta moderadamente hipocalórica (baja en calorías), aspirando a un lento descenso de peso y a un incremento de la masa muscular.

• **Las bebidas alcohólicas:** ¿qué dice la etiqueta de su cerveza? Cero grasas, ¿verdad? Sin embargo, el alcohol aporta calorías: cada gramo de alcohol brinda al organismo 7 kilocalorías y si se tiene en cuenta que cada gramo de grasa aporta 9 kilocalorías, se puede concluir que el aporte calórico es casi como el de la grasa. Además, cuando se ingiere un exceso de calorías provenientes de los alimentos acompañadas de alcohol, se depositan como grasa.

• **El hábito de fumar:** muchas personas mantienen el perjudicial hábito de fumar porque temen dejarlo y aumentar de peso. Sin embargo, numerosos estudios sugieren que los fumadores tienen más grasa en el abdomen, de forma que, aunque usted podría aumentar algunos kilos si dejara de fumar, es muy probable que éstos no se acumulen en el área abdominal.

- **La combinación de azúcar y grasa:** aparentemente, el dúo de azúcar y grasa tiende a incrementar el volumen del área abdominal, de esta forma: cuando el azúcar llega al torrente sanguíneo, el organismo responde liberando un flujo de insulina. Esta insulina hace que las células grasas se activen y hagan depositar en ellas al azúcar como grasa y a las grasas como tales. De esa manera, la grasa de las hamburguesas y las tortas de chocolate van directamente a almacenarse en ellas. Reduzca la grasa en su dieta y esto no sucederá con tanta frecuencia. Y si consume grasas, trate de no combinarlas con azúcar.

BUENAS COSTUMBRES ALIMENTARIAS

- Planifique sus comidas. Un día antes haga las compras que necesite para no improvisar en el momento de la comida.
- Después de comer escriba lo que ingirió para llevar un mejor control de su programa alimentario.
- Cuando se siente a comer; coma. Deje de lado la lectura, la televisión o cualquier otra actividad que lo distraiga del acto de comer.
- Piense y concéntrese en los detalles de la comida: sabor, aroma, textura. Saboree los alimentos, no *"trague"*.
- Coma siempre de su propio plato.

Si la sobremesa lo induce a seguir comiendo:
- Levántese de la mesa.
- Lávese inmediatamente los dientes.
- Tome un té de hierbas.

LA IMPORTANCIA DE LA DIGESTION

Muchas veces se abandona una dieta o se eliminan de ella ciertos alimentos insdispensables con la excusa de que se sufre de *"mala digestión"*. Esto sucede porque en general se tiene poca conciencia de cómo se produce el proceso digestivo. Sin embargo, conocer qué pasa con los alimentos una vez entrados en nuestro cuerpo es la clave para tener una buena digestión. La mayoría de las personas después de tomar un bocado y apreciar su sabor, pasa inmediatamente al siguiente bocado sin tener en cuenta que el organismo está trabajando. El cuerpo está digiriendo cada bocado de alimento a través de un funcionamiento complicado.

El procedimiento empieza en la boca, sigue en el estómago y concluye en el intestino delgado. Esta es la razón, bastante simple de entender, por la cual los alimentos deben comerse lentamente y masticarse bien antes de tragarlos. Para extraer la energía de los alimentos, éstos deben ser transformados en sustancias más pequeñas que sean fáciles de absorber por los diferentes órganos. Al masticar un alimento se lo divide en pequeñas partículas que pueden ser mezcladas con la saliva. Así se inicia la primera etapa de la digestión, es decir, la conversión del almidón en formas más simples de azúcar, gracias a una enzima presente en la saliva: la ptialina. La saliva que comienza la digestión de los almidones, es ligeramente alcalina. Luego, la división de la comida continúa en tres órganos del cuerpo: el estómago, el intestino delgado y el intestino grueso. El estómago realiza la digestión de las proteínas. Cuando está vacío, el estómago es un órgano pequeño muscular que puede albergar alrededor de un litro y medio de alimentos. Pero como sus músculos son flexibles, puede llegar a contener cantidades mucho mayores. En las paredes del estómago se encuentran millones de glándulas que secretan sustancias químicas que realizan la digestión de las proteínas y dividen algunas de las grasas en ácidos grasos y glicerina. La más importante de estas sustancias para la digestión es el ácido clorhídrico que, combinado con una enzima llamada pepsina, inicia la conversión de las diversas proteínas en los aminoácidos más simples que son necesarios para construir los tejidos corporales. Existe otra enzima, la renina, que es necesaria para digerir la proteína de la leche. Mientras que la saliva, con su contenido de ptialina, es alcalina y comienza la digestión del almidón, el jugo gástrico que inicia la digestión de las proteínas, es normalmente ácido. Como los almidones requieren un medio alcalino para su digestión y los jugos del estómago son ácidos, una vez en el estómago finaliza la digestión de los almidones.

El destino de los alimentos parcialmente digeridos en el estómago, es pasar al intestino delgado para que éste complete las últimas etapas de su digestión. Este órgano tiene un diámetro de unos tres centímetros y unos sietes metros y medio de largo. Sus paredes, como las del estómago, contienen millones de glándulas que segregan enzimas útiles para la digestión de las diferentes sustancias que conforman los alimentos. Las enzimas intestinales, junto con la bilis secretada por el hígado, y con otras enzimas provistas por el páncreas, completan la división de los distintos elementos y los preparan para entrar en el sistema linfático por vía de la vena porta.

En el intestino delgado la grasa de los alimentos que llegan, es emulsionada por acción de la bilis y de la enzima llamada lipasa La tripsina completa la digestión de la proteína y la amilopsina, la de los almidones. Mientras que las secreciones estomacales son de naturaleza ácida, las del intestino delgado vuelven a ser alcalinas. Estas diferencias explican porqué tantos expertos en nutrición recomiendan no comer simultáneamente almidones concentrados con proteínas concentradas, y hacerlo en comidas separadas (según estas teorías, por ejemplo, habría que decirle que no al clásico pollo al horno con papas). Los nutricionistas más convencionales refutan esa interpretación basados en que los almidones y las proteínas aparecen juntos en muchos alimentos y los órganos digestivos son capaces de digerirlos sin dificultad, pero olvidan que los alimentos que combinan ambos compuestos, naturalmente, también cuentan con las enzimas y otros elementos necesarios para su óptima digestión.

El intestino delgado tiene tres secciones: el duodeno, que es la parte superior conectada con el estómago; el yeyuno o sección media y el ileón, la sección inferior que conecta con el intestino grueso.

Finalizado el trabajo del intestino delgado, los millones de pequeñas fibras aterciopeladas que cubren sus paredes atrapan las porciones de comida digerida y las llevan al hígado. Estas pequeñas fibras, llamadas vellosidades, absorben los productos de las proteínas y azúcares totalmente digeridos y los llevan al hígado. Allí las proteínas siguen transformándose para que puedan ser absorbidas por las células de todo el organismo. Los azúcares quedan almacenados en el hígado bajo la forma de glucógeno, para ser utilizados en el futuro. Los vasos linfáticos de las vellosidades absorben la grasa digerida y la convierten en tejidos adiposos que se utilizarán para cubrir las distintas partes del cuerpo, protegiéndolo contra las lesiones y el frío, y como fuente auxiliar de energía.

El material indigestible de los alimentos que consumimos se descarga en el intestino grueso que, finalmente lo elimina del cuerpo.

Capítulo 19

Cómo reconocer la sensación de hambre

El estómago y el cerebro funcionan en equipo. El estómago, el único órgano del cuerpo preparado para reconocer el hambre, envía la señal al cerebro que se encarga de informarnos cuándo necesitamos comer.

En las bulímicas, el problema es que después de tantos años de tapar la sensación de hambre, el equipo ya no funciona como debiera. Las restricciones, las privaciones, la voracidad terminan por arruinar la delicada relación entre el cerebro y el estómago, dando como resultado que nunca se sepa cuando se come por hambre o por otras razones que no tienen nada que ver con lo fisiológico, sino con lo sicológico. Igualmente, se ha perdido en este largo camino la capacidad de reconocer cuál es el punto de satisfacción. Cuando no se come de menos, se come de más. Pero nunca, lo que el cuerpo necesita realmente.

Si bien al principio resultará difícil y durante un tiempo habrá que comer las cuatro comidas sí o sí, aunque no tenga ganas, llegará un momento en que logrará restablecer la relación rota entre el cerebro y el estómago. Hasta entonces, vaya ensayando las siguientes técnicas.

1- ¿Cuánto, cuándo y por qué come?
Muchas veces se come más por factores emocionales que por hambre verdadera. Tomar conciencia de ello es el primer paso para empezar a identificar las ganas verdaderas de comer, de aquellos momentos en que se toma

a la comida como un consuelo o un autocastigo.

2. Mantenga su estómago lleno con alimentos protectores

Consuma toda la comida que su cuerpo necesite, pero bien distribuida a lo largo del día. Esto mantendrá estable su nivel de glucosa en sangre y de, este modo, evitará que su cerebro genere la señal de hambre incontrolable que suele conducir al atracón.

3- Coma despacio

Esto es muy importante: su cerebro necesita 20 minutos en recibir el mensaje de saciedad proveniente del estómago. Contribuya a este proceso saboreando los alimentos.

4- Permanezca menos tiempo en los lugares donde la suelen asaltar los ganas de devorar

La cocina, su cuarto, o donde sea. No se someta a situaciones que por el momento no está en condiciones de controlar. Esto no es para siempre. Recuerde que cambiar lleva tiempo y todavía tiene un largo camino hasta que ceda la tentación de volver a las viejas conductas.

6. Disponga los alimentos en su heladera de manera que cuando la abra tenga a mano los que le hacen bien

La vista es un gran estimulador psicológico del apetito. Si todavía no puede reconocer cuándo tiene hambre, el ver unos jugosos duraznos y unas frescas verduras le recordarán que comer es parte de su tarea para vencer su problema.

7- Evite las anfetaminas o supresores del apetito, comúnmente comercializados como píldoras para adelgazar

Además de nocivos para la salud, estos medicamentos no la ayudarán a encontrar el punto de saciedad natural de su organismo.

Deje que su cuerpo le avise cuándo tiene hambre y cuándo no.

8- Haga ejercicios moderadamente.
Una hora de actividad física moderada pone en movimiento las energías físicas y síquicas que necesita para sentirse bien.

SUGERENCIAS
PARA EL ACTO DE COMER

1. Coma sentado
Es importante que a cada comida que haga durante el día le dedique la misma atención: tomar conciencia de lo que está comiendo predispone para una mejor digestión.

2. Use siempre cubiertos
Comer con las manos lo hará sentirse más vulnerable a los atracones. La sensación de comer con las manos es que la comida lo gobierna a usted y no usted, a la comida.

3. Mastique bien la comida
Se comprobó que masticar 15 veces cada bocado facilita en un 20% todo el proceso digestivo.

4. Apoye los cubiertos entre bocado y bocado
Esto complementa el consejo anterior. Es fundamental para eliminar la ansiedad por comer.

5. Observe cómo comen otras personas
Especialmente los obesos. Con seguridad, va a encontrar muchas coincidencias con su forma de comer. De este modo, le resultará más fácil modificar sus errores.

6. Permita que le sirvan el plato
Uno de los motivos de discusión familiar cuando se hace dieta es que le colocan excesiva o demasiada poca comida. Ahora que no hace dieta, confíe en que quien le sirve no desea atacarlo.

7. Haga algunas pausas para conversar
De este modo, además de disfrutar de la compañía, logrará darse tiempo para hacerse mentalmente la pregunta "*¿todavía tengo hambre?*" y seguir comiendo o detenerse de acuerdo a una respuesta sincera, sin trampas. Si tiene hambre siga comiendo.

8. Si come afuera dése el gusto
Pida un plato de lo que desee y evite las bebidas alcohólicas que lo pueden llevar al descontrol. Si tiene hambre solicite una ensalada mientras espera, para no devorarse la panera. Recuerde que uno o dos panes son suficientes para acompañar la comida.

CONSEJOS GENERALES SOBRE NUTRICION

- ¿1.000 calorías de crema equivalen a 1.000 calorías de arroz integral?

No y no. Aunque la respuesta obvia parezca ser la afirmativa, en realidad no lo es. Sucede que a nuestro organismo metabolizar mil calorías de crema le cuesta mucho menos trabajo que hacerlo con mil calorías de arroz integral. Por lo tanto, en esa tarea quema menos grasas. Este ahorro se traduce en un aumento de peso. Así que si usted es obsesivo de las calorías, lamentamos informarle que esta vez le fallaron las cuentas. Así que olvídese de las calorías y empiece a comer lo que hace bien.

- Reemplace los laxantes por alimentos ricos en fibras.

Las fibras contenidas en ciertos alimento contribuyen a producir sensación de saciedad, debido al volumen que ocupan en el estómago y facilitan el tránsito intestinal. Las fibras pueden encontrarse en forma natural en cereales integrales, arvejas, porotos, zanahorias, espinacas, damascos secos, higos y duraznos.

- No se exceda de peso durante el embarazo.

Antes se pensaba que un sobrepeso de 12 o 14 kilos resultaba, inclusive, beneficioso para el bebé. Hoy se comprobó lo contrario. Los especialistas aconsejan que el sobrepeso no supere los 4 ó 5 kilos. Esa cantidad de grasa será suficiente para que la madre disponga de una cantidad de leche adecuada para el amamantamiento. Consulte al nutricionista.

- En todo régimen es necesario comer varias veces al día.

Así es. Esto le brindará un doble beneficio: evitará el hambre crónico y, por otro lado, producirá un consumo extra de energía debido a la actividad metabólica necesaria para la digestión. Es por eso que tenemos menos posibilidades de engordar haciendo 3 ó 4 comidas que repartiendo la misma cantidad solamente en dos. Además, en la primera parte del día se quema mejor la energía contenida en los alimentos, por eso se recomienda dar mayor importancia al desayuno y al almuerzo.

- La mejor manera de aprovechar completamente el contenido vitamínico de los alimentos es ingerirlos crudos.

Por eso, siempre que sea posible, debemos comer alimentos sin cocción.

- Conviene hacer comidas regularmente, y de poco volumen cada vez.

De este modo, se regulariza el funcionamiento del aparato digestivo.

- Hay que comer lentamente. Cuando los alimentos se ingieren casi sin masticarlos, se pierden casi todos los nutrientes que se absorben en la mucosa de la boca.

- Hay que evitar el hábito de reemplazar las comidas principales por un café y galletas dulces.

Esto conduce a un mal funcionamiento del sistema digestivo.

• La característica fundamental de las frutas radica en su contenido en hidratos de carbono. Aunque son de bajo valor calórico, resultan muy nutritivas.

• Hay que incluir soja en la dieta. Se la llama *"la carne vegetal"*, ya que cada kilo aporta la misma cantidad de proteínas.

Capítulo 20

Sí, quiero

Comer exactamente lo que se quiere y no otra cosa es la principal estrategia para vencer al enemigo acechante de la compulsión. La curación definitiva y total depende de aprender a reconocer las señales del hambre (sensación fisiológica), y a no temerle al apetito (deseo sicológico). Satisfacer ambas necesidades en un único acto es lo que otorga la fuerza síquica para sentirse efectivamente curado del trastorno alimentario.

Se debe comer sin culpas todo lo que se quiere. Cuando uno lo consigue, vuelve a escuchar a la propia naturaleza, tal como cuando era un lactante, y se da cuenta entonces de que *"todo"* lo que se quiere siempre tiene un límite.

A ningún bebé, así como a ningún animal se le ocurriría comer *"hasta reventar"*.

Si se mantiene fiel a la consigna de comer todo lo que quiere, aprenderá a distinguir entre lo que le gusta y lo que no. Habrá momentos en que se asombrará de sí mismo. Estará diciendo *"no"* a una pizza, simplemente porque no tiene hambre. Si no encuentra helado de pistacho no se conformará con uno de crema, con tal de comer algo dulce. Y dejará de temblar ante la posibilidad de endulzar el café con azúcar, si no tiene a mano edulcorante.

¿No lo cree, verdad? Es lógico, su confianza ha sido varias veces traicionada por tantas dietas milagrosas. Sin embargo, este panorama que le estamos describiendo no es la vida de un superhéroe ni de una modelo top. Es la vida de una persona "normal", ajena completamente a cualquier tipo de culpa y angustia alrededor de la comida. Es la vida de un ser humano adulto, libre y dueño de sus decisiones.

PASO N°1: AFERRARSE AL PLAN DE COMIDAS

"No puedo entender que me digan que tengo que comer de todo", se quejaba Martina en su primera asistencia a un grupo sicoeducativo para trastornos del comer. *"Si estando a dieta no puedo evitar a veces la tentación de comerme la vida, ¿qué voy a hacer si no hago dieta? Voy a comer el triple y me voy a volver una vaca. Yo siempre tengo hambre. Es más, creo que nunca como por hambre. En realidad, siempre tengo ganas de comer. Si no estuviese a dieta, no sería capaz de decirle no a una torta"*

En el relato de Martina es evidente la confusión y el temor de quien todavía no ha comenzado a organizar su alimentación. Cuando se está en pleno desarrollo del trastorno del comer, ya sea bulimia o anorexia, no se eligen los alimentos por su función nutritiva y por su sabor. Se los elige o se los rechaza por razones totalmente ajenas: según los conflictos emocionales sin resolver, según la ropa que tienen que ponerse sí o sí, o bien por el mecanismo adictivo fisiológico que se ha desatado después de años de compulsiones y/o restricciones.

Quienes se mantienen hace tiempo en el polo de la anorexia, sienten como una roca en el estómago cada miga de alimento y los habituados a los atracones temen que el primer caramelo sea la puerta abierta a una catarata interminable de alimentos que terminarán en su estómago.

Para desterrar definitivamente estos temores -con sus correspondientes sensaciones físicas displacenteras-

es necesario empezar a comer de acuerdo a un plan detallado -vea el capítulo *"Cómo organizar una buena alimentación"* - independientemente del hambre. Generalmente, al empezar la dieta razonable no se tiene hambre y la comida indicada parece demasiada. Es importante entender que este plan es el bastión que lo protegerá de los atracones.

Para seguirlo hay que confiar y vencer las propias resistencias.

No haga trampas. Coma todo lo que se le indica. Y si se tienta con algo de más, no lo solucione con laxantes o vómitos, ni sacando alimentos de la próxima ingesta. Sólo continuar firmemente con su plan de comidas lo protegerá de los antiguos comportamientos.

Es posible que al comienzo su cuerpo adquiera uno o dos kilos de más, pero no se olvide que al reequilibrarse todo el organismo, éstos desaparecerán -y sin haber hecho ninguna dieta-.

PASO N°2:
RECONOCER EL DESEO

Llegará el momento en que el plan alimentario dejará también de ser una muleta de apoyo para no caer en la compulsión. En la siguiente etapa usted podrá comer -y actuar- guiado por sus auténticos deseos. *"¿Cómo saber lo que quiero?"* se angustia todavía. Hay varias técnicas para reconocer el deseo, no sólo el de comer, pero en este caso las aplicaremos a la cuestión que nos ocupa que es responder a la pregunta *"¿qué tengo ganas de comer?"* . Ponga en práctica la que más le guste.

-Respire profundamente
Siéntese o recuéstese en el piso. Si está por la calle busque un lugar apartado donde pueda quedarse de pie durante ,al menos, dos minutos. No hace falta que cierre los ojos, simplemente quédese tranquilo, inspirando y

exhalando. Sienta cómo su panza se llena y se vacía de aire. Ahora pregúntese: ¿Estoy angustiado o bien? ¿Siento hambre o sed? ¿Me tomaría algo caliente o algo fresco? ¿Necesito comer ya o puedo esperar un rato? ¿Concéntrese en la sensación en su boca: siente ganas de algo dulce o algo salado? ¿Prefiere una comida consistente o liviana? Tómese el tiempo que necesite para encontrar la respuesta y no se exija. Recuerde que recién está empezando, la próxima vez podrá responder automáticamente.

-Cierre los ojos

Recostado o sentado. Si está en la calle, busque una plaza y si hay gente a su alrededor no se intimide, a veces uno cierra los ojos simplemente por sueño.

Deje que ambos ojos confluyan suavemente en el punto situado en el entrecejo, pero esté atento a no tensionar. Deje que su respiración se vaya calmando. Imagine una pantalla blanca en la zona de su frente. Deje que las imágenes que van apareciendo se vayan espontáneamente, hasta que la pantalla esté completamente blanca. Ahora pregúntese ¿Cómo estoy? ¿Qué quiero comer? ¿Quisiera hacerlo solo o acompañado? Deje que en la pantalla aparezca una respuesta. Puede ser un plato de comida, una publicidad (¿por qué no?, dejemos de temerlo como si fuese el enemigo público) o una escena en un lugar determinado como un restaurante, la mesa familiar o un grupo de amigos. Trate de hacer que la realidad se parezca en todo lo posible a lo que vio en su pantalla, pero no se frustre si no puede cumplirlo tal cual. Recuerde que parte de la madurez es aceptar que los deseos no siempre se hacen realidad en el mismo momento en que se los concibe.

-Haga una lista de lo que más le gusta

Anote en un papel todos aquellos alimentos de los que se privó. Luego clasifíquelos: una columna para los que son *"su perdición"*, otra para los que le gustan mucho, otra para los que no lo vuelven loco, pero hace tiempo que no prueba.

Cuando no sepa qué comer busque en su lista y procúrese uno de esos alimentos en una cantidad razonable y si, es posible, compártalo con alguien.

Táchelo y la próxima vez que dude elija otro distinto para no aburrirse.

-Sea selectivo

Identifique exactamente aquello que desea con todos sus detalles. Si quiere un chocolate con almendras, su deseo no se aplacará comiéndose un chocolate con leche. Diga no al vendedor y vaya a otro kiosco en busca del chocolate con almendras. Defienda su derecho a obtener lo que quiere aunque los demás no comprendan y lo tilden de caprichoso. Usted y nosotros sabemos que, en realidad, está haciendo un esfuerzo enorme por resolver un problema.

Esta es una tarea de aprendizaje, no un acto carente de sentido. Ser preciso acerca del verdadero deseo y respetarlo es una técnica de aprendizaje tan importante como las de historia o matemáticas. Usted está aprendiendo a conocer su propia persona. Respétese y hágase respetar.

-No se desespere

A veces sentirá que quiere comerlo todo sin límites. En ese momento dése un tiempo para pensar: recuerde que el acto de comer no tiene porqué ser *"ahora o nunca"*. Elija algo de lo que le anda rondando en la cabeza y dése el permiso de postergar sus ganas para satisfacerlas más tarde, tal vez otro día.

PASO N° 3:
HALLAR EL LIMITE
DE SATISFACCION

El hecho de comer más de lo que dicta el hambre no es desconocido para la mayoría de las personas. El caso más habitual es en las celebraciones, donde el deseo de probar los manjares a nuestro alcance nos motiva a comer más allá de lo que comeríamos si estuviésemos en una comida de todos los días.

La sensación de comer de más es clara para todo el mundo: nos sentimos *"pesados"* o *"repletos"*. Pero quien comete un exceso de vez en cuando de ninguna manera siente que ha perdido o que puede llegar a perder el control. Nadie se siente culpable por haberse excedido ocasionalmente durante una celebración.

Quien ha padecido un trastorno alimentario, en cambio, siente pánico cada vez que se sienta frente a un plato de comida, porque teme desbordarse. Existe una técnica para comer tan sólo lo que necesita para satisfacer su hambre juntamente con su apetito y no sentir que la comida lo puede llegar a dominar. Se trata de encontrar cuál es el punto de satisfacción. La sensación de haber comido *"lo justo"* es de un profundo bienestar. Trate de reconocerla y deténgase en ese momento.

Para aprender a detectar esta sensación, sírvase porciones chicas y saboree lentamente cada bocado. Haga pequeñas pausas en las que se preguntará mentalmente: ¿estoy satisfecho? Cuando llegue el momento en que hayan desaparecido los ruidos del estómago y sienta que su estómago ya se ha cerrado, respire hondamente. En ese momento el hambre se habrá calmado.

Si desea seguir comiendo sea consciente de que es sólo por placer. Hágalo como excepción sin autoculparse, pero no se habitúe a ello.

La cantidad de comida que cada cuerpo necesita para calmar el hambre difiere en cada persona, así que no se compare con el resto de los comensales y coma lo que usted necesita para sentirse satisfecho.

Capítulo 21

Cómo recuperar la confianza

"Estaba convencido de que para que mis amigos me aceptaran tenía que estar flaco y ése fue uno de los motivos que hizo que me obsesionara con la idea de adelgazar. Si me veía gordo no salía con ellos. Después, cuando empecé el tratamiento pude dejar de pensar todo el tiempo en la comida y eso me permitió concentrarme en el estudio y me empezó a ir bien en los exámenes. Eso me levantó la autoestima" cuenta Marcelo, de 20 años, después de haber vencido la anorexia.

La falta de autoestima puede ser tanto el origen como la consecuencia de padecer un trastorno alimentario. Recuperarla es esencial para vencer definitivamente este problema.

Empezar a quererse un poco no es algo fácil, cuando se ha recorrido un camino tan largo como lo es el de un trastorno alimentario, pero no es imposible. Y lo mejor es que es algo que uno puede hacer por sí mismo.

COMO FORTALECER LA AUTOESTIMA

La falta de autoestima no es un problema exclusivo de los adolescentes. Hay muchas personas que están disconformes con su cuerpo, su estatura o su color de pelo. Otras, casi no se animan a entablar una conversación porque se consideran torpes o aburridas y hay quienes rechazan nuevas responsabilidades en su trabajo argumentando que, seguramente, habrá alguien que lo hará mejor que ellos. Y para quienes son muy inseguros de sí mismos el simple hecho de que alguien les haga una crítica o una corrección basta para hacerles sentir que son un verdadero fracaso.

En realidad, mirarse por dentro y por fuera, ver las cosas buenas y las malas que uno tiene, aceptarlas y mostrarlas con orgullo, no es tarea fácil.

Ocultamos nuestras virtudes para no ser tildados de soberbios, desconsiderados o autosuficientes. Tapamos nuestros defectos para que no se rían o nos compadezcan. El problema, al actuar de esa manera, es que no sólo impedimos que los demás nos conozcan, sino que evitamos vernos a nosotros mismos tal cual somos y consecuentemente, vamos perdiendo nuestra autoestima cada día un poco más.

En lugar de tratar de cambiar su aspecto y su forma de ser, uno puede empezar a probar qué pasa si se atreve a ser como verdaderamente es. La verdadera autoestima es aceptarse completamente a sí mismo y quererse tal como uno es, con defectos incluidos. A partir de allí, entonces es posible proponerse cambiar.

ESPEJITO, ESPEJITO...

El grado de autoestima de una persona es inversamente proporcional a la dependencia de la mirada del otro. Todos, básicamente, buscamos que otro nos quiera y nos apruebe. Pero, en principio, hay que aceptarse y quererse uno. Esto, que en los tiempos que corren se escucha tan seguido, en realidad no es algo fácil y requiere mucho trabajo poder conseguirlo.

En general lo que sucede a la mayoría de la gente es estar todo el tiempo pasando exámenes. Vivimos haciendo adaptaciones a los requerimientos y a los deseos de los otros. De este modo, nunca aparece claro el propio deseo. Ese es el principal obstáculo que surge cuando uno decide empezar a ocuparse de sí mismo. Sentirse conforme con uno, quererse, estar bien, independientemente de que a alguna gente no le guste, no es fácil porque uno ansía que todo el mundo lo quiera y lo acepte. Eso no existe, porque en realidad tampoco a uno le gusta todo el mundo y uno no quiere a todos.

Pero un rechazo de los demás es siempre un ataque al narcisismo. Resulta difícil desprenderse de ese lugar ideal de la infancia donde uno, para la mamá, es el mejor por el sólo hecho de ser el hijo. Pero al crecer las cosas son distintas: hay que aprender a abandonar ese lugar infantil, donde uno, hiciera lo que hiciere, igualmente tenía asegurado el cariño del otro. Para convertirse en un adulto es fundamental saber cuidarse a sí mismo.

Quien se dio cuenta de esto claramente es Diana de 23 años: *"Me la pasaba el todo el tiempo hablando de la dieta y quejándome por lo mal que me quedaba la ropa. Mis amigas no me soportaban más porque me invitaban a comer y yo no comía. Ahora, que no estoy tan pendiente de estar flaquísima, veo que la gente me aprecia y tiene ganas de estar conmigo, porque podemos conversar de todos los temas. Sé que me quieren muchísimo, comemos todas juntas y compartimos un montón de cosas. Eso también ayudó a aumentar mi autoestima."*

CONOCERSE PARA AMARSE

Cuidarse un poco más requiere hacer un trabajo cotidiano, cuya base es empezar a conocerse. A veces, uno piensa que hay que ir a la peluquería, comprarse ropa, o realizar cualquier tipo de conducta que tiene que ver con el afuera, para que los otros lo sigan viendo. En realidad maquillarse, vestirse bien o perfumarse, también puede servir para gustarse a uno mismo y sentirse bien. Pero que esto efectivamente tenga esos resultados, necesita de un paso previo: sentirse bien por dentro. Si uno empieza a trabajar en ello, los demás van a poder realmente fijarse en uno, verlo bien y aceptarlo. ¿Y cómo hace uno para conocerse, cuidarse y amarse? Según Perla Stoppel, sicóloga social especializada en lectura corporal, *"el cuidado está en poder aceptar los límites, bajar las sobreexigencias, que siempre son mandatos de los otros. Darse cuenta de que uno está obedeciendo todo el tiempo"*. Es habitual hacer cosas o dejar de hacer otras para que los otros nos sigan queriendo. Desde usar solamente minifaldas porque al novio le gusta así, no ponerse anteojos, aunque las lentes de contacto le causan irritación , o no atarse el cabello a pesar del calor para parecer más llamativa. Uno a veces está demasiado pendiente de qué van a decir los demás. En realidad, la existencia del otro lo que hace es marcar un límite a nuestra percepción y, a veces, sus comentarios, cuando son positivos, pueden ayudarnos a sentirnos mejor. Cuando uno se siente mal, está resfriado o muy cansado, por ejemplo, tiende a verse desagradable en el espejo. En esos casos, si los demás no lo notan y, lejos de lo que uno espera, le comentan *"¡Qué bien que estás!"* , en franca contrapartida con la percepción que uno tiene de sí mismo, esa frase puede tener el efecto de modificar la propia mirada. Uno debería aceptar el elogio y darse cuenta, entonces, de que igualmente puede gustar a los demás.

QUIERANME COMO SOY

Cuando uno empieza a verse tal cuál es, lo primero que debe asumir es que no es perfecto. Esto, que en principio es una desilusión, a la larga termina siendo un alivio. Se consigue ser menos exigente respecto de la imagen externa y se aprende a decir *"quiéreme como soy"*. Hay gente que basa su autoestima en seducir constantemente -realizando un esfuerzo agotador-, aunque la persona objeto de su seducción no le interese en lo más mínimo. Es un juego de a dos, donde el otro en realidad está sintiendo que es valorizado, porque alguien está intentando atraerlo. Pero cuando acepta, el seductor se da media vuelta y se va porque su objetivo era simplemente llegar a seducir. En esta sociedad donde la imagen tiene tanta importancia, es muy difícil darse cuenta de si el otro a uno lo quiere solamente si está diez puntos, o en el fondo no lo está queriendo a uno, sino a un ideal. Esto lleva a que muchas personas, particularmente las mujeres consuman todo tipo de productos para cambiar la imagen. De este modo, proliferan cada vez más distintas versiones de regímenes adelgazantes y métodos de corrección estética para lograr responder a un modelo social vigente en este momento. Hubo momentos en que gustaban las redondeces, después había que ser delgada como la modelo Twiggy, y ahora triunfan los cuerpos de deportista. No es posible sentirse bien si uno permanentemente está tratando de responder a los modelos.

AFIRMARSE SOBRE SUS PIES

La autoestima se fortalece a medida que uno se va afirmando, a través de aceptar su propia y única imagen. Cuando un árbol está bien plantado y tiene raíces fuertes crece bien hacia arriba. Si, en cambio, un árbol está sostenido y apoyado en otro -como cuando uno de niño estaba apoyado sobre la mamá y cada acto iba acompañado del miedo a que a la mamá no le guste o lo dejase de querer- no va a crecer erguido. Que un chico de 5 años busque la seguridad en su mamá es lógico, pero a medida que uno se acerca a los veinte ya es necesario a afirmarse cada vez más sobre los propios pies. Desde ese lugar, después uno puede elegir por sí mismo. Cuando uno se apoya demasiado en los otros, son ellos quienes eligen *"lo mejor para uno"*. Al adquirir cada vez mayor seguridad en uno mismo, es entonces uno quien elige, en lugar de siempre ser elegido. Entonces, si alguien lo elige uno puede estar contento de que sea así, porque al otro le gusta. Pero sabiendo que puede ser él quien decida sobre las cosas y sobre sí mismo. Lamentablemente, todavía existen en este punto algunas diferencias entre los hombres y las mujeres: *"todavía la mujer tiene que responder a muchos patrones que van desde lo exterior fundamentalmente, porque el hombre la lleva del brazo mostrando su trofeo"*, comenta Perla Stoppel. Pero hoy día la mujer empieza a pisar más fuerte, a salir a la calle a trabajar, a sentir que puede no ser tan buena ama de casa e, igualmente, ser querida. Antes el lugar de la mujer era el de la canción *"arroz con leche"*. Si se querían casar, tenían que saber coser, bordar, cocinar y abrir la puerta para entretener al otro. Hoy una mujer puede sentirse estimada, aunque no sepa cocinar, y puede compartir con el otro, hacer que el tema de la comida no ocupe un lugar central en la casa y no ser tan hacendosa.

DESPLEGAR EL ABANICO

Conocerse por dentro es uno de los pilares fundamentales de la autoestima y esto se logra aprendiendo a reconocer los rasgos de personalidad que reafirman al *"yo"*. La autoestima se va construyendo con seguridades, respeto y aceptación de los valores propios. Uno sabe si es inteligente, si escribe bien, o si su sonrisa le permite pasar adelante en la fila de la discoteca. Siente que en ciertos lugares pisa fuerte. Las personas somos como un abanico, que tiene partes que están desplegadas, es decir desarrolladas y comprobadas y otras que están cerradas. Es importante trabajar sobre toda esa parte que está cerrada, ya que se trata de potencialidades que uno no probó. Hay que descubrir esos otros aspectos que uno no sabía que tenía. ¿Por qué seducir únicamente a través de la sonrisa o solamente vistiendo siempre a la última moda?

La atracción, a veces, se produce cuando uno es sincero o cuando no se muestra tan perfecto. El problema cuando queremos agradar es que estamos presos de lo que nos enseñaron en la escuela: si sacábamos un bien, un muy bien, o un felicitado, las maestras y los padres nos querían, pero cuando sacábamos regular o visto nos colocaban en el otro bando: el de los desvalidos y desvalorizados. En realidad, las posibilidades están todas por desarrollarse, y esas notas que a uno le colocaban son evaluaciones muy rígidas, que quedan como rótulos. Si a uno no le salió un ejercicio puede seguir trabajando y lograr resolverlo, convirtiendo ese regular en un bien. Pero en general, no nos enseñan esto: nos tildan de bueno o malo, prolijo o desprolijo, simpático o antipático. Aunque a veces uno puede ser simpático y a veces no. Uno tiene limitaciones y cuando aprende a conocerse también empieza a admitirlas y a aceptar, además, que no todo el mundo lo va a querer.

VIVA LA DIFERENCIA

Ser diferente es una de las cosas más difíciles, tanto para ser aprobado como para aceptar a los demás. Una de las dificultades más importantes en las relaciones es poder tolerar que el otro sea diferente, que piense diferente, que tenga otro ritmo y que no sea igual a uno. En la educación cuando uno le enseña algo al otro, tiene que darse cuenta de que *"enseñar"* va entre comillas. Lo ideal es poder mostrar posibilidades y que el que *"aprende"* resuelva y produzca su propio producto. Sin embargo, cuesta mucho aceptar que lo que el otro resuelva no es lo que uno estaba esperando. Si no es lo que uno se imagina hay como una frustración. Esto sucede a veces a padres, a docentes y a jefes en los trabajos. Si el otro resuelve una misma tarea de otra manera, en seguida le dicen *"No, yo estoy acostumbrado a hacerlo de determinada manera"*. Este freno a la creatividad también trae como consecuencia la desvalorización del otro y, por lo tanto, acarrea la falta de entusiasmo. Los chicos, por ejemplo, cuando empiezan a hacer cosas solos comienzan su autoafirmación. Dejar al chico que coma solo, aunque se chorree, que se vista sin ayuda estimula su autoestima. Muchos padres ponen demasiados ejemplos, condiciones y restricciones para hacer las cosas, como decirle *"así no se pone un abrigo"* o *"no tardes tanto"*. Quieren que hagan las cosas a su tiempo, que respondan a sus ideales o tengan los amigos que a ellos les gustan. Todos esos mandatos, dichos explícitamente o subliminalmente, el chico los va captando y va percibiendo qué es lo que esperan de él. Depende de la personalidad más o menos frágil del niño, irá haciendo más concesiones, será más dependiente. Los que tuvieron este tipo de mandatos y fueron haciendo tantas concesiones, tienen dificultades para saber qué es lo que realmente quieren ellos mismos. Entonces, cuando alguien les da vuelta la cara se les cae el mundo abajo, porque siempre dependieron de la aceptación del otro.

RECUPERAR EL PLACER

Muchos adultos se dan cuenta al llegar a los 30, 40 o 50 años que habían abandonado gustos o vocaciones durante la adolescencia, por el sólo fin de oponerse a una madre muy estricta. Un paciente había estudiado piano muchos años, porque la mamá quería y no había podido darse cuenta de si le gustaba la música o no. En la pubertad se rebeló contra su madre y le dijo *"Basta, no toco más el piano"*. Ya de adulto, al realizar un trabajo de introspección, pudo volver a conectarse con esa habilidad, pero desde la elección propia. Se dio cuenta de que el piano le gustaba, que amaba la música y decidió volver a tocar su instrumento, pero dedicándole el tiempo y los momentos que él quería. Entonces pudo, además, amigarse con la madre.

También, es en las actitudes cotidianas que se va afianzando la autoestima. Cuando uno realiza con placer sus tareas, se vuelve seductor. Si lleva siempre consigo una sensación placentera -por ejemplo imagínese en la playa, bajo el sol poniéndose bronceador con mucho cuidado- logrará sentirse conforme con lo que hace y podrá transmitir a los otros todo lo valioso que usted es. Este es el principio de la atracción, cuando uno se siente a gusto consigo mismo los demás se sienten inevitablemente seducidos. Uno puede llevar un anillo barato sintiendo que vale millones, colocarlo de cierta forma en su dedo y mostrarlo de una manera tal que ese anillo llega a embellecer su mano y a copar la atención de la gente.

Muchas personas se sienten descalificadas porque no tienen demasiados amigos, no encuentran su pareja ideal, no tienen el trabajo que desean o no les va de maravillas en el estudio. En realidad, todas estas cosas se consiguen cuando uno empieza a estar mejor consigo mismo.

ACEPTAR LAS CARENCIAS

Uno de los postulados de la autoestima es soportar no ser perfecto. Poder no estar siempre tan lindo y a veces equivocarse. Reconocer que, a veces, los éxitos que uno tiene no son los que al otro le gustan. Uno puede ser un artista pero, en su casa, eso puede no ser valorado. Para esos padres que tienen otras expectativas, eso son tonterías y no entienden por qué uno no fue a la universidad. En realidad, uno no fue a la universidad porque sabía que no era lo suyo, o tal vez fue y no pudo disfrutar de sus éxitos, porque lo hizo para satisfacer los deseos de otros. Seguir el propio camino y aceptar las carencias de uno también favorece la autoestima. Si uno no sabe nadar no tiene porqué avergonzarse, sobre todo si nunca tuvo muchas ganas de aprender. A veces, el nivel de sobrexigencia con el que uno se maneja es tal, que no permite reconocer que hay cosas que uno no hace simplemente porque no tiene ganas.

DESCUBRA A SU CENSOR INTERIOR

Para conocerse a sí mismo, la licenciada Stoppel nos recomienda un ejercicio que puede hacerse solo o de a dos. Si está solo utilice un espejo donde se vea de cuerpo entero y párese frente a él. Si está con otro, prescinda del espejo y en su lugar utilice como referente a su compañero. Este hará las veces de espejo, pero su tarea no es repetir movimientos, sino mirarlo a usted y devolverle una mirada que exprese las impresiones que le causa lo que usted está mostrando. Mírese detenidamente -en el espejo o en los ojos de su compañero-. Observe su expresión, sus ojos, sus arrugas, la proporción de su cara y de su cuerpo. Pruebe cómo le queda un collar o una corbata, fíjese cómo es su forma de pararse, de vestirse y haga gestos como si estuviera en privado sin sentir que el otro está. Trate de captar las sensaciones de aceptación, rechazo, asombro, complicidad, simpatía, etcétera- que le ofrece el otro con su mirada. Si trabaja con un espejo, ponga atención en sus propias sensaciones: ¿le gusta, lo irrita, le disgusta lo que ve? El ejercicio puede terminar en este punto o continuar con una segunda fase. Cierre los ojos y apele a su memoria emotiva. Imagínese viéndose en el espejo sin que haya nadie presente. Luego, deje que en ese espejo aparezca la imagen de alguien que lo está mirando. ¿Quién es esa persona? ¿Lo aprueba o lo desaprueba? En este momento del trabajo, comenta Perla Stoppel, generalmente aparece la imagen de alguien significativo para uno, que es el censor interior, el que lo mira todo el tiempo. Se descubre, entonces para quién uno se siente expuesto, a quién está tratando de complacer. Ese personaje que uno tiene internamente, que lo está mirando y censurando, en la mayoría de las personas es el padre o la madre, pero también puede ser un abuelo o un hermano, o una maestra de la escuela. El resultado, que se obtiene al tomar conciencia de esto, es que uno puede finalmente darse cuenta de dónde está parado y, también, de para qué le sirve -o no- que los otros lo aprueben.

Capítulo 22

Técnicas para superar la distorsión corporal

Uno de los problemas de quienes padecen trastornos alimentarios es la distorsión de la imagen corporal. Esto ¿qué quiere decir?

Que si tienen dos kilos de más se consideran obesos irremediables, si están en su peso insisten en que tendrían que pesar como tal o cual modelo.

Las modelos son excepciones a la regla y además no siempre personalmente lucen tan fantásticas como en la foto.

Así, las personas que sufren este problema sienten que el cuerpo es sólo una imagen externa a su persona, que debe ser mostrado y admirado para lograr aceptación. Incluso exigen lo mismo a quienes los rodean. Desprecian a los gorditos, y no entienden cómo su compañera de trabajo que no es ninguna *"diosa"* usa ropas ajustadas y se atreve a comer un sustancioso sandwich en el almuerzo sin el menor rastro de culpa. El problema precisamente es que se *"ven"* únicamente. Distinta sería la cuestión si se sintiesen y si se tocasen.

EL VALOR DEL TACTO

Tocar es sentir con la mano y si bien el tacto no es en sí mismo una emoción, incluye elementos sensoriales que provocan transformaciones neurológicas, glandulares, musculares y mentales que pueden despertar una emoción. Esto significa que el tacto no es solamente un movimiento que hace el cuerpo, sino que también desata, procesos afectivos.

El tacto es desde el punto de vista neurológico, un proceso que incluye sensaciones epidérmicas y dinámicas que profundizan la diferenciación y la precisión de las percepciones. En los primeros años de vida la experiencia de tocar está relacionada al vínculo con la madre, quien al tocar a su bebé, cuidarlo, acariciarlo, está al mismo tiempo ayudándolo a experimentar los límites de su cuerpo. Le provee una información que luego será completada con otros sentidos, que estimula al bebé a desarrollar la confianza en el mundo externo y a evitar una serie de futuros desórdenes de la conducta, así como ciertas reacciones sicosomáticas como alergia, eczema y asma. Por eso es importante que los padres aprendan a tocar a sus bebés con un tacto suave no invasor, una sensación de masaje cuya función es constituirse en una especie de placenta externa que alimenta al bebé, así como en el útero éste recurría a la placenta interna. El tacto es entonces el alimento del amor que necesita no sólo el bebé sino también el niño y el adulto. El valor del tacto como un elemento fundamental en el fortalecimiento del yo, es tan importante como la palabra. El mismo Freud dijo que *"lo más profundo de un ser humano está en la superficie"* y con respecto al tacto en sí mismo afirmó que *"es el único de los cinco sentidos que tiene poder reflexivo"*.

CONOCERSE A SI MISMO

Como la madrastra de Cenicienta, muchas personas basan su identidad en la respuesta del espejo que nos confirma si somos bellos y por lo tanto *"queribles"* o no. Pero consideremos que el espejo como método de autoconcimiento tiene sus buenas limitaciones: sólo puede devolvernos una imagen y jamás una percepción total del cuerpo concreto. Sería bueno recordar, entonces, que

Cenicienta, la auténtica bella de la historia, jamás se preocupó del asunto. ¿Qué hacía entonces? Sencillamente ocuparse de su alrededor: trabajaba, hablaba con sus amigos y se atrevía a soñar. Era una persona común y por lo tanto dueña de una belleza única.

En efecto, todos los seres humanos tenemos cualidades y defectos que nos determinan como seres únicos. Si sólo estamos pendientes de la imagen que proyectamos, difícilmente lograremos sentirnos dueños de nuestro cuerpo y de nuestra persona.

Todas las técnicas de autoconocimiento desarrolladas en oriente insisten en que el ser humano es una unidad cuerpo-mente, que debe funcionar en forma armónica para crecer y desarrollarse. Esta enseñanza vale la pena de ser tomada en cuenta, para dejar de estar tan pendiente de la imagen exterior que es sólo una parte de la compleja totalidad que es un ser humano.

El cuerpo es plástico y sus formas van cambiando a medida que transcurre el tiempo. El *"matarse"* con dietas desequilibradas y ejercicio exagerado lleva, precisamente, a la autodestrucción del cuerpo-mente.

En cambio la nutrición adecuada y el movimiento corporal pueden ser los sostenes para integrar al cuerpo en una unidad que nos haga sentir como personas completas, que merecen vivir su propia vida.

LA SOLUCION DEL EJERCICIO Y EL DEPORTE

Los beneficios de la actividad física no se restringen a los músculos. La cabeza de la persona también cambia con el entrenamiento y la relación con los compañeros del gimnasio. Al percibir que el cuerpo ganó más músculo y la figura mejoró, se siente más confiado y deja de cubrirse con tanta ropa. Ya es medio camino recorrido para el éxito del tratamiento. Ahora un pero: ¿cuánto tiempo duran los efectos de los ejercicios? Respuesta: lo que dure su práctica. Si consigue buenos resultados con gimnasia, deportes, y un buen día cuelga las guantes, o la raqueta, probablemente volverá a sentirse disconforme con su cuerpo. Sin embargo cuando alguien comienza a hacer ejercicios y nota que le va bien -porque ha modelado su figura, ganado músculos y se siente de mejor humor- no piensa en dejar. De cualquier forma, esté alerta. Es bueno prepararse para saber que el resto de su vida tendrá que hacer gimnasia.

La natación, por ejemplo, es un ejercicio completo: promueve el movimiento de brazos y piernas, no es agotador y contribuye a la salud cardiovascular. Sin embargo, en cuanto a la eliminación de grasa, la natación no se halla en los primeros puestos. Los investigadores no están seguros de la causa. Pero sugieren que nadar en aguas frías aumenta el apetito y el cuerpo acumula grasa, como un mecanismo para conservar el calor, en lugar de quemarlas como energía.

No obstante, es posible convertir la natación en un deporte que modele el cuerpo si aplica la variante del entrenamiento por intervalos. En lugar de nadar durante 30 minutos seguidos a una intensidad moderada, pruebe esta combinación: después de diez minutos de calentamiento, aumente la velocidad durante cuatro vueltas, y redúzcala nuevamente durante otras cuatro.

El principal beneficio de la natación, sin embargo, es que el medio acuático donde se practica provee un sustrato blando donde se favorece el bienestar.

CUERPO Y CREATIVIDAD

Existen infinidad de técnicas de autoconocimiento corporal, desde el yoga, la danza, a los deportes y las artes marciales. Todas contribuyen a que demos al cuerpo el valor que realmente debe tener, porque es nuestra primera casa, tal como asegura Thérèse Bertherat, la creadora de la antigimnasia. Veamos algunas de esas técnicas:

- **Expresión corporal**

La vida es movimiento desde que comienza hasta que se acaba. El bebé indefenso al nacer, se mueve de manera espontánea para expresar sus deseos y demandas. Llora y se estira para pedir alimento, abrigo, sueño y cariño. Al crecer, los humanos vamos desarrollando una capacidad de realizar acciones corporales más complejas, que si no se exploran terminan obligando al cuerpo a repetir movimientos rutinarios. Cambiar los patrones de movimientos habituales, incorporar nuevas formas de expresar las propias necesidades con el cuerpo, tal como lo hacíamos espontáneamente cuando éramos bebés, es uno de los pilares de la expresión corporal.

Cada persona es un ser único y, a través de diferentes prácticas, puede descubrir cuál es su propia danza. Lo primero que debe hacer es conocer cómo es su cuerpo y cuál es su capacidad de movimiento. Las líneas de los brazos, las redondeces, el sostén que ofrecen los huesos, el apoyo que brindan los pies, la expresividad del rostro y la calidad de la piel.

El ser humano es un ser integrado, dueño de un cuerpo que contiene diversos aspectos del propio ser: el movimiento, las sensaciones, las emociones y los afectos, la capacidad de crear y de comunicarse.

Se trabaja con distintos elementos, cintas, pelotas, las diagonales en el espacio y la mirada interior, para construir la propia danza a partir de reconocer las propias emociones.

Eutonía

La eutonía es una técnica de movimiento corporal desarrollada para prestar especial atención al delicado mecanismo que se pone en marcha cada vez que nuestro cuerpo ejecuta una acción, y su práctica permite corregir la mayoría de los malos hábitos que nos llevan a perder conciencia de nuestro propio cuerpo. Desde este punto de vista, la eutonía forma parte de los múltiples caminos para el conocimiento y el encuentro de uno mismo, porque ayuda a lograr una unidad física y un equilibrio psicofísico. Tiene la doble finalidad de tomar conciencia y liberar tensiones. La tarea llevada a cabo en cada clase, ayuda a que cada uno pueda desarrollar la posibilidad de ser su propio dueño, de no imitar, de sentir el placer y la libertad del movimiento, de estirarse, y de tomar conciencia de sus malos hábitos. Progresivamente, la práctica despierta el deseo de conocerse, de hacerse responsable de sí mismo y de poder aplicar el aprendizaje para incorporarlo en el diario vivir.

Quienes acuden a las clases de esta disciplina buscan tanto un tratamiento para sus problemas físicos, como aprender algo más sobre su cuerpo o complementar una formación artística.

En sus principios, la eutonía se aplicaba sólo para investigar en los procesos de creación artística, tal como lo fundamentó Gerda Alexander, la creadora de esta disciplina: *"La eutonía tuvo como punto de partida mi deseo de crear para el hombre de nuestro tiempo una enseñanza capaz de proveer a cada uno de la posibilidad de desarrollar su propia individualidad en el movimiento y, así, encontrar las regularidades córporo-espirituales dentro de sí, escapando a los estilos, las técnicas y las modas que por lo general buscamos o sufrimos sin advertirlo siquiera. Concebida de este modo, la eutonía debía constituir una base común a todas las formas de movimiento artístico, rítmica, danza, ópera, teatro y todos los gestos de nuestra vida cotidiana, los juegos y los deportes"*. Posteriormente, sus usos se ampliaron al comprobarse que se detenían procesos de degeneración ósea y articular como la artritis, artrosis y la osteoporosis, que se disipaban malestares emocionales, y que se mejoraba el aspecto de la piel.

Según los principios de la eutonía, al aumentar la conciencia del hueso, éste empieza a tener una calidad de vida distinta, lo cual ayuda a revertir procesos como el de la osteoporosis. Además, al aplicar el trabajo del tacto sobre la piel, lo que se produce es no sólo un desarrollo de la percepción de la piel y del contacto consciente, sino que eso sumado a la conscientización del hueso produce un aumento de los espacios internos que permite que la musculatura que está aprisionando al hueso, afloje la tensión y consecuentemente, el hueso pueda respirar mejor.

La observación completa del cuerpo es uno de los principios de la eutonía: incluye los pies, las piernas, las rodillas, los muslos, las ingles, la pelvis, la espalda, el abdomen, el tórax, los hombros, brazos, cuello y cabeza.

Cambiando de posición, se vuelve a tomar conciencia de los diferentes apoyos y las reacciones del cuerpo ante estos cambios. El profesional preguntará al alumno qué es lo que siente, si tiene conciencia de cuál es el estado de su cuerpo, si sintió cambios de temperatura, de tamaño, peso, longitud, dolor, etcétera. Las respuestas difieren según cada experiencia y todas se consideran válidas, ya que lo que se busca, a través de estas pequeñas modificaciones que se introducen en los patrones habituales de movimiento, es que cada persona llegue a reconocer a su propio cuerpo como una estructura organizada en movimiento permanente.

- Chi kung (o Qigong)

El qigong es el uso de la respiración para desarrollar el qi, con propósitos especiales como sanar, curar, evitar el envejecimiento o combatir. Qi, significa el cielo, es el movimiento y es la respiración. Gong es fuerza, trabajo muscular. En China se aplica qigong desde muchos siglos atrás. Puede leerse en el Clásico de la Medicina del emperador Huangdi, que tiene 4.500 años de antigüedad que *"muchas enfermedades se originan en los resfríos y las inflamaciones. Por ello, lo más conveniente es realizar ejercicios terapéuticos en lugar de tratarse con medicamentos"*. Los primeros ejercicios taoístas se denominaban *daoyin* y se practicaban para alcanzar el estado de inmortalidad. Los taoístas consideraban que la vida se alargaba, desarrollando la capacidad de dirigir la respiración profunda, es decir de dominar el curso del qi. A lo largo de los siglos se siguieron practicando por otras escuelas: la confucionista, la budista, la wushu -artes marciales-, el zaija -qigong popular- hasta llegar a la médica. Fueron denominados de varias maneras: *daoyin* (conducción del flujo energético), *tunafe, yingzuo, zuochan, neigong, lianqi*, hasta popularizarse como *qigong*. El término *qigong* aparece por primera vez en 1936, en la *"Obra terapéutica específica para la tuberculosis"* durante la dinastía de los Yin. Allí consta el principio fundamental de este método: *"Hay que respirar el aire puro y aprender a regular la respiración, para preservar el espíritu y mantener los músculos relajados"*.

El qigong propone varios métodos de dominar la energía a través de la respiración. Hay 7 formas básicas de practicar los ejercicios respiratorios: respiración natural, de limpieza, de tortuga, alternada, profunda natural, prolongada, prenatal.

Los ejercicios de qigong se inician haciendo uso del yin (esencia) que es convertido en qi (aliento), cuya purificación da lugar al sheng (energía espiritual) que en la tercera etapa se sublima para retornar a la vacuidad shu. De este modo, el qigong ayuda a que la energía fluya por todos los canales, estimulando el funcionamiento del organismo. La teoría general de la filosofía china dice que toda manifestación de vida está regida por la ley del ritmo, a dos tiempos: yin y yang. Lo que hace el qigong es activar la circulación del qi (energía) por los jing (canales), y ésta circula continuamente y en el mismo sentido de un canal yin a un canal yang. Existen ocho canales maravillosos y doce principales. Mediante el qigong se unen los canales maravillosos que son el vaso cogobernador y el vaso concepción, y que se encuentran separados. Cuando se unen, gracias a la respiración qigong, dan lugar a una circulación en forma de anillo llamada pequeña circulación celeste u órbita microcósmica, que es la base de todo trabajo para fortificar el qi. Hoy en día, la ciencia moderna también corroboró los efectos de una buena respiración: se sabe que la fricción del aire contra las mucosas nasales activa la hipófisis, epífisis, tiroides y otras glándulas, lo que se traduce como un mejoramiento o desaparición de síntomas de vértigo, zumbidos, cólera, timidez, mala digestión, pérdida de memoria, palpitaciones e insomnio.

- Artes marciales

El desarrollo del chi también es uno de los objetivos de las artes marciales, antiguos métodos de defensa personal provenientes del lejano oriente.

La artes marciales están indicadas sobre todo para hombres que no puedan vencer sus prejuicios acerca de que el movimiento corporal es cosa de mujeres . Todas las artes marciales buscan del conocimiento interior y el desarrollo de la destreza: acérquese a observar una clase y elija la que más le gusta: aikido, kung fu, taekondo, karate-do. Lo importante en la elección de una técnica oriental es la afinidad con el maestro, el encargado no sólo del entrenamiento físico, sino también de transmitir todos los conocimientos y reglas espirituales que llevan a la unificación cuerpo-mente.

- Yoga

El origen de esta filosofía se encuentra en la existencia del *"Prana"* (energía vital). Esta energía que está distribuida en todo el universo y en el cuerpo de cada ser vivo, es asimilada por la vía de la respiración y de la alimentación. Luego, es distribuida en toda la red de líneas de energía, los *"prana nadis"*, proveyendo de este modo al ser humano, de energía vital. Estas líneas de energía, que son invisibles y no pueden verificarse anatómicamente, crean una especie de *"segunda piel"* invisible, un segundo cuerpo además del cuerpo físico que se llama *"Pranayama Kosha"* (cuerpo de energía) en sánscrito. Las asanas del

Hatha yoga tienen como objetivo tomar conciencia de la circulación energética en el cuerpo y así contribuir a un bienestar general que nos armoniza con todo el universo.

Además, los ejercicios de yoga requieren de un importante desarrollo de una destreza física para no lastimar al cuerpo. En el yoga no sólo se adquiere paz interior y flexibilidad, sino también la tonificación muscular necesaria.

- Danza y bailes de salón

La danza es una de las formas de celebrar y de expresar todas las circunstancias vitales que existen en todas las culturas. A casi todos los humanos les gusta bailar. Lamentablemente, quienes viven en las ciudades sólo acceden a las discotecas, donde repiten los pasos de moda, pero jamás se sueltan libremente a bailar como tienen ganas. En los pueblos pequeños, en cambio, conservan la costumbre de practicar los bailes regionales.

En general, las bailarinas clásicas sufren excesivamente la exigencia acerca del peso y consituyen uno de los grupos de riesgo mayores en los trastornos alimentarios, pero quienes no tienen la presión profesional, en general encuentran en la danza una forma de conocer el propio cuerpo. La danza moderna, sobre todo, es una técnica que permite conectarse prontamente con el placer de bailar. La música es uno de los principales estímulos para ello.

Afortunadamente, en los últimos tiempos los bailes de salón han cobrado una gran difusión y en todas partes es posible encontrar academias de enseñanza de ritmos típicos como salsa, merengue, tango, árabe, flamenco.

Acérquese a uno de ellos. Verá como cambia radicalmente su concepción del cuerpo. En el baile es imposible estar pendiente de un kilo de más o de menos porque todos los pensamientos se concentran en los pasos a seguir.

Capítulo 23

La flexibilidad corporal

Si usted es de las que se somete a ejercicios agotadores, como trotar hasta extenuarse o hacer dos clases seguidas de aerobics, sepa que los excesos solo perjudicarán su cuerpo -y también su figura porque sólo conseguirá unos músculos contraídos y para nada estéticos. En cambio considere la posibilidad de empezar un entrenamiento más beneficioso tendiente a lograr la flexibilidad. La buena flexibilidad es esencial para el cuidado del físico, la práctica de deportes y el fisicoculturismo. Ayuda a prevenir lesiones, mejora la función de las articulaciones y permite lograr que los movimientos específicos de cada deporte se realicen en forma más fácil y efectiva.

CUIDADO CON LAS PESAS

A los primeros fisicoculturistas les apasionaba construir sus músculos sin preocuparse por la flexibilidad. Sin embargo las nuevas generaciones consagradas a este deporte se dieron cuenta que de nada sirve tener unos músculos bien marcados si uno no puede rascarse su propia espalda. Para reparar antiguos errores hoy combinan el entrenamiento de pesas con unas cuantas sesiones de ejercicios específicos de stretching, diseñados para aumentar la flexibilidad. Veamos qué es lo que logran practicándolos e imitemos su ejemplo.

- **Prevenir lesiones musculares**

Los músculos se lastiman cuando están exigidos más de lo que pueden tolerar. Los músculos se pueden estirar, pero sólo hasta cierto punto. Si se estiran más allá de ese límite se producen las lesiones. Las articulaciones flexibles pueden moverse más lejos en el curso de los movimientos antes de alcanzar puntos críticos de tensión que pueden causar lesiones. La mayoría de los expertos recomiendan que uno se estire antes de ejercitarse. Pero algunos estudios muestran que el stretching antes del ejercicio puede, en realidad, aumentar el riesgo de lesionarse. Estos descubrimientos pueden deberse a técnicas de stretching incorrectas. El rebote que muchas veces se realiza como stretching antes del ejercicio puede aumentar la actividad de los receptores de flexibilidad del músculo. Ejercitarse con receptores de flexibilidad sensibles puede aumentar la chance de que el músculo se contracture cuando esté en una posición de estiramiento. Y esto puede resultar en un escenario favorable para una lesión. Los estiramientos estáticos parecen incrementar el rango de movimiento articular sin aumentar la sensibilidad de los receptores de flexibilidad.

- **Mantener saludables las articulaciones**

Los investigadores y los médicos aseguran cada vez más firmemente que la buena flexibilidad es importante para la buena salud de las articulaciones. Las articulaciones soportadas por músculos inflexibles y tejidos débiles están sujetas a tensiones anormales que pueden resultar en el deterioro de la articulación. En la articulación de la rodilla, por ejemplo, los cuádriceps estirados causan excesiva presión en la rodilla que puede causar dolor en la articulación. Los músculos estirados de los hombros pueden comprimir los tejidos blandos sensibles en el hombro, causando dolor y discapacidad en la articulación. Tener una mala flexibilidad articular puede resultar también en anormalidades en la lubricación de las articulaciones que pueden causar deterioro en las células sensitivas cartilaginosas que unen la articulación.

- Evitar el dolor de espalda

El dolor de espalda afecta cerca del 85% de la población alguna vez en sus vidas. El dolor de espalda generalmente está relacionado con un mal alineamiento de las vértebras espinales, que hace presión sobre los nervios que parten de la columna vertebral. La mala flexibilidad de la columna, la pelvis y las rodillas puede aumentar la curvatura de la parte baja de la columna y causar que la pelvis se vaya excesivamente hacia adelante. La buena flexibilidad en estas áreas, junto con una buena postura ayuda a prevenir presiones anormales en los nervios sensitivos de la columna.

- Minimizar los dolores posteriores al ejercicio

Los dolores posteriores a la ejercitación que suelen aparecer hasta dos días después de las prácticas suelen ser causados por daños a las fibras musculares y a los tejidos conectivos que las soportan. Estirarse después del ejercicio, se demostró que sirve para disminuir el grado de dolor muscular después del ejercicio. No estamos seguros por qué, pero tal vez, el estiramiento disminuye los espasmos musculares que pueden ocurrir como reacción al dolor.

- Mejor rendimiento deportivo

La buena flexibilidad le permite moverse y por lo tanto ejercer fuerza a través de un mayor grado de movimiento. La gente flexible es capaz de adoptar posiciones corporales que le permiten moverse con mayor eficacia. Como ejemplo, los esquiadores con caderas y columnas flexibles están más capacitados para colocarse más allá del borde de sus esquíes para poder girar mejor. Los nadadores con hombros más flexibles tienen brazadas más fuertes porque pueden empujar a través del agua en una dirección más cercana a la línea media del cuerpo. Los caminantes con las pantorrillas y el tendón de Aquiles flexibles son más capaces para trepar grandes colinas sin dolor, porque tienen mejores grados de movimiento en su pierna baja.

- Mejor desarrollo de fuerza

Mucha gente cree que el entrenamiento de resistencia lo hace fuerte muscularmente. Una mirada a muchos levantadores de pesas parece reforzar esta impresión, pero ellos tienen unos músculos grandes y abultados y su piel tiene muchas marcas de estiramiento por tratar de acomodar esas tremendas masas. Sin embargo siempre supimos que la gente fuerte también puede ser flexible. En 1940, el levantador de pesas y fisicoculturista olímpico John Gdrimek se hizo famoso por sus demostraciones de flexibilidad además de su grandiosa fuerza. Muchos de los actuales grandes atletas de fuerza son también flexibles porque trabajan en ello. Los científicos descubrieron una relación entre flexibilidad y fuerza. Una mínima cantidad de flexibilidad es importante si quiere obtener fuerza normalmente. Si su flexibilidad es extremadamente poca, entonces no ganará fuerza tan rápidamente como lo haría si tuviera una flexibilidad normal. Los investigadores demostraron que la cuota de flexibilidad en los músculos opuestos puede impedir el desarrollo de la fuerza muscular. Esto ocurre debido a un principio que los expertos denominan inhibición recíproca.

La inhibición recíproca es el proceso por el cual la estimulación de los ejes musculares del músculo opuesto (por ejemplo los cuádriceps) inhibe la excitación del músculo contrario (por ejemplo cuádriceps) a través de un proceso nervioso que incluye a la columna vertebral. Los ejes del músculo son receptores que son sensibles al estiramiento. Al agacharse por ejemplo, si los ejes musculares de los cuádriceps son estimulados durante la fase que empuja para levantarse, el cuádriceps se va a inhibir.

Esto explica por qué no se debe ejercer demasiada fuerza al agacharse y sí usar más fuerza para subir. Muchos estudios examinaron la influencia de la inhibición recíproca en el movimiento de los miembros. De acuerdo a este principio los cuádriceps pueden hacer más difícil para los extensores de la rodilla demasiado fortalecidos. Las investigaciones demostraron que la fuerza de los cuádriceps tiende a ser menor en personas que tienen menos flexibilidad en los cuádriceps. Esto probablemente sucede porque los ejes musculares en los cuádriceps *"apagan"* este músculo durante la fase final de la mayoría de los ejercicios para la parte inferior del cuerpo. La inhibición crónica de los cuádriceps impide a estas personas obtener la fuerza que obtendrían si hubiesen disfrutado de una flexibilidad normal. Aunque sólo hemos hablado de la relación entre los cuádriceps, para analizar la relación entre fuerza y flexibilidad tenga en cuenta que el mismo principio se aplica a otros ejes musculares.

TIPOS DE ESTIRAMIENTO

Las técnicas de stretching varían desde un simple estiramiento de los músculos durante el curso de las actividades normales hasta métodos más sofisticados que elongan los músculos usando los reflejos musculares para obtener un mayor estiramiento durante el ejercicio. Pero los ejercicios practicados en forma incorrecta pueden hacer más daño que beneficios. Estas son las mejores formas de practicar el stretching.

Estático: debe estirar el músculo gradualmente y mantener el estiramiento durante 10 a 60 segundos. Como la elongación se produce suavemente hay mucha menos reacción de los receptores de estiramiento. El stretching estático es el más recomendado por los expertos porque es tan efectivo como otros tipos de ejercicios de stretching, con la ventaja de ser mucho más seguro. La clave de esta técnica es estirar los músculos y las articulaciones al punto en que se sientan tirar pero no doler. Estirar más allá del límite del propio músculo puede ocasionar lesiones.

Rebote: este ejercicio implica una acción muscular dinámica donde lo músculos se estiran repentinamente en un movimiento de rebote. Por ejemplo para estirar los cuádriceps debe tocar sus dedos con las manos repetidamente en una sucesión rápida de movimientos. El problema con esta técnica es que los estiramientos rápidos necesitan una respuesta potente de los receptores del estiramiento, que puede terminar en una lesión. Además cuando termina estos ejercicios los receptores del estiramiento quedan sobreexcitados. Esto puede llevarlo a lesionarse en actividades como jugar tenis o correr.

Pasivo: un compañero lo ayuda a mover sus articulaciones en el recorrido de sus movimientos. Puede alcanzar un mayor grado de movimiento pasivamente que estáticamente. Sin embargo, como usted no está controlando el movimiento hay un mayor riesgo de lesionarse. El estiramiento pasivo es una técnica muy buena pero sólo debe ser usada por gente experimentada que comprenda bien esta técnica. También debe haber una buena comunicación entre la persona que ayuda a estirarse y el que hace esta elongación pasiva.

FNP (facilitación neuromuscular propioceptiva): Es menos común, pero también el modo más efectivo de estiramiento según varios expertos. Originalmente se utilizaba en terapias de rehabilitación física. Esta técnica opera según la teoría de que contraer un músculo provoca una mayor relajación cuando está extendido, resultando en una menor resistencia al estiramiento. Por ejemplo, para estirar sus cuádriceps, extienda su pierna horizontalmente frente a usted, apoyándola sobre una mesa o una barra; haga una contracción isométrica (es decir, conducir hacia arriba los músculos empujando hacia la mesa) y manténgase así durante 10 segundos. Afloje la contracción y, manteniendo su espalda derecha, estire su torso hacia adelante sobre su pierna hasta que lo sienta en tensión. Repita dos o tres veces, estirando su torso un poco más lejos cada vez y luego cambie de pierna. El riesgo de la FNP es que contraer el músculo antes de estirarlo crea una tensión extra en el músculo que podría lesionarlo. Por esta razón, los expertos recomiendan que esta técnica sólo sea utilizada bajo el control de alguien entrenado.

TEST

El siguiente test, diseñado por el American College of Sports Medicine le dará una buena idea de su nivel de flexibilidad, ya que incluye las áreas donde frecuentemente se realiza el estiramiento -los cuádriceps y la espalda baja-. Pero lo que es más importante, puede usar esta tabla como una marca para medir cuánto lo ayudará la práctica regular de stretching en incrementar su nivel de flexibilidad.

Lo que necesitará es un cinta métrica, un lugar donde pueda sentarse con sus piernas extendidas y un compañero.

1- Entre en calor durante cinco minutos con caminatas, bicicleta fija o trote liviano. También puede ser tomando un baño o ducha caliente.

2- Siéntese en el piso con las piernas estiradas frente a usted. Coloque la cinta métrica entre sus piernas con el cero cerca suyo, la marca de 15 -pulgadas- en sus talones. Sus pies deben estar flexionados y separados unas 10 o 12 pulgadas. Pida a su compañero que le ayude a mantener sus piernas estiradas durante el test, pero es importante que el o ella no interfiera con sus movimientos.

3- Coloque una mano sobre la otra en el piso entre sus piernas, asegurándose que los extremos de sus dos dedos medios estén justo uno encima del otro.

4- Suavemente estírese hacia adelante, sin rebotar.

Deslice las yemas de sus dedos a lo largo de la cinta métrica lo más lejos posible.

5- Como probablemente usted sea capaz de estirarse más lejos cada vez, haga este test tres veces.

6- Registre la que haya ido más lejos teniendo en cuenta la pulgada más cercana. Use la tabla siguiente para atener una idea de cuán flexible es usted en relación a su grupo de edad y sexo.

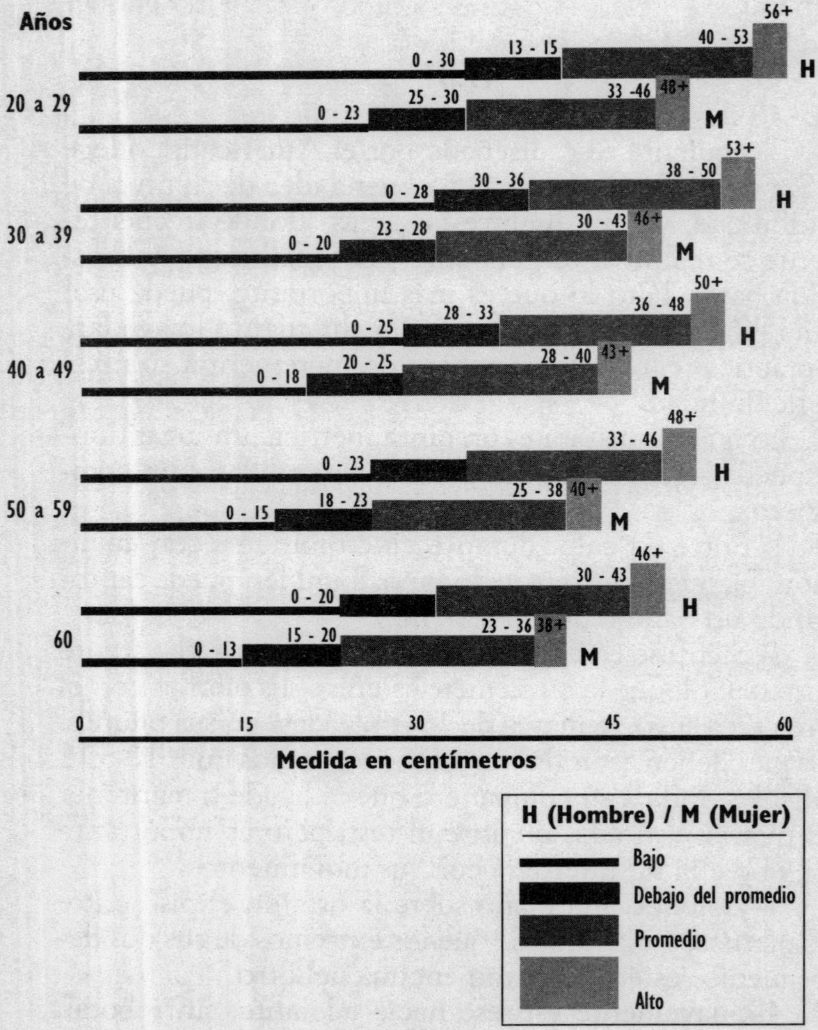

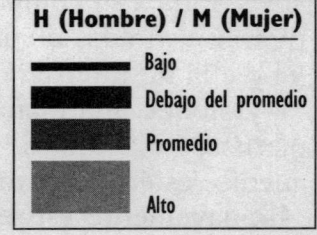

Medida en centímetros

H (Hombre) / M (Mujer)
Bajo
Debajo del promedio
Promedio
Alto

LOS PRINCIPIOS BASICOS DE CUALQUIER ESTIRAMIENTO

- Siempre estírese antes y después del ejercicio.
- Lo ideal es practicar un poco cada día.
- Debe alcanzar una meta mínima de 30 segundos de estiramiento para cada ejercicio, para obtener los mejores resultados.
- Estire todos los grandes grupos musculares para que todo su cuerpo logre una buena forma.

1 - Cuádriceps y glúteos

A- vaya hacia adelante con su pierna izquierda. Coloque sus manos en el piso en cada lado de su pierna izquierda y flexione de modo tal que la rodilla quede un poco más arriba que su cadera. Inhale y extienda su pierna derecha, manteniendo estirada la rodilla, los dedos en el piso y su talón levantado. Exhale. Manténgase así por 30 segundos. Baje lentamente su rodilla derecha hacia el piso, pegue el empeine de su pie derecho en el suelo. Permanezca en esa posición durante 30 segundos.

B- estire la pierna izquierda, llevando el peso de su cuerpo hacia atrás, pero asegurándose de no apoyar la cola sobre sus pantorrillas. Quédese así durante 30 segundos respirando cómodamente. Repita ambas posiciones con la otra pierna.

2 - Pantorrillas

Párese erguido sobre un escalón de una escalera de barras y flexiones una pierna sobre la otra de modo que un solo pie se esté apoyando sobre el escalón. Con las manos sosténgase de las barras y suba y baje hasta sentir un estiramiento suave en sus pantorrillas. Cambie de pierna.

3 - Cintura y espalda baja

A- siéntese en el piso cruzando la pierna derecha sobre la izquierda. Apoye su mano derecha en el piso, con su palma alineada con sus caderas. Trate de alcanzar el cielo con su mano izquierda, Inhale. Luego doble el codo derecho hacia usted y exhale.

B- desde esa posición inhale y lleve su pecho hacia su rodilla derecha. Exhale y coloque su mano izquierda en el piso frente a usted. Mantenga sus glúteos pegados al suelo, y quédese respirando durante 30 segundos.

C- inhale y camine con ambas manos hacia adelante al centro, doblando su torso hacia sus piernas cruzadas. Exhale y manténgase con la cabeza hacia abajo durante 30 segundos. Luego lleve su torso hacia arriba y repita la secuencia hacia el otro lado cruzando la pierna izquierda sobre la derecha.

4 - Pecho

Siéntese en el piso con las piernas cruzadas, manteniendo su espalda derecha. Entrelace sus dedos y lleve sus manos detrás de su cabeza. Doble sus palmas hacia arriba e inhale mientras empuja suavemente sus brazos hacia el techo. Manténgase durante 3 segundos y exhale al volver a la posición del comienzo. Repita 10 veces.

5 - Glúteos y espalda baja

A- siéntese erguido en el piso. Extienda su pierna derecha frente a usted. Apoye la planta de su pie izquierdo contra su muslo derecho (flexionando la pierna derecha). Inhale llevando ambas manos hacia arriba, y exhale cuando lleve el torso y ambas manos sobre su pierna tratando de alcanzar la punta del pie izquierdo (extendido). Manténgase durante 30 segundos controlando la respiración.

B- siéntese derecho nuevamente. Coloque su mano derecha al costado de su rodilla izquierda en el piso detrás de usted. Inhale y siéntese lo más alto que pueda. Exhale y gire de modo que su mentón quede a la altura del hombro izquierdo. Manténgase respirando durante 30 segundos.

C- suavemente gire su cuerpo otra vez hacia el frente y coloque su mano izquierda al costado de su pierna derecha. Coloque su mano derecha en el suelo detrás de usted. Inhale y siéntese apuntando hacia arriba. Exhale y gire de modo que su mentón quede a la altura de su hombro derecho. Manténgase durante 30 segundos respirando.

Repita los tres pasos con la otra pierna estirada.

6 - Caderas

Siéntese con las piernas cruzadas sobre el piso, la pierna izquierda delante de la derecha. Ponga sus manos en el piso, las palmas alineadas con sus caderas y los dedos hacia adelante. Inhale, levante los glúteos y sus caderas, estirando el pecho y el mentón hacia el techo. No deje caer su cabeza hacia atrás. Exhale. Manténgase respirando durante 30 segundos. Suavemente baje sus caderas apoyando los glúteos en el piso y repita cruzando la pierna derecha adelante.

Capítulo 24

Factor solidaridad

Hay un dicho muy popular entre los profesionales de la salud que afirma *"no se enferma quien quiere sino quien puede"*. Los trastornos alimentarios no afectan a todo el mundo, sino mayormente a cierto tipo de personas que se encuadran dentro de lo que la sicología denomina *"personalidad de base narcisística"*.

Antes de seguir, aclaremos ante todo que los diagnósticos en medicina y sobre todo en la salud mental son clasificaciones hechas para guiar al profesional en el diseño del mejor tratamiento para cada paciente. Contextualizar el tipo de personalidad de un individuo tiene sentido para el profesional de la salud que conoce el medio de guiar al paciente a superar sus conflictos, pero sería conveniente que nos cuidemos de adoptar motes sicologistas en nuestro lenguaje cotidiano para señalar a una persona que conocemos como *"ése es un narcisista o ésa es una anoréxica"*. Evitaremos caer en prejuicios y rigideces que no pueden servir para comunicarnos mejor con quien deseamos ayudar.

ACERCA DEL NARCISIMO

Todos conocemos la leyenda griega de Narciso, un personaje que se enamoró de su propia imagen reflejada en las aguas de un lago y que se ahogó cuando cayó dentro de ellas al seguir el impulso de abrazarse. El narcisimo designa una actitud frecuente de individuos que experimentan un amor excesivo de sí, que tienen una valorización exagerada de su propia persona, hacia la cual se orientan todas las aspiraciones del sujeto. Este se admira y se ama antes que a nada y antes que a nadie. Su personalidad, su cuerpo y su carácter le parecen adorables o son más importantes que todo lo demás. En realidad, el narcisimo está bastante lejos de percibirse de forma conciente.

Generalmente, el individuo narcisista no tiene conciencia de su egocentrismo y de su referencia exclusiva a su propia persona.

Según los sicoanalistas, en el narcisismo, la libido (la energía sexual que constituye la fuerza del deseo en la vida de los individuos) en lugar de volcarse hacia el mundo o hacia el otro, se polariza sobre la propia persona.

El narcisimo se considera normal en el chico, hasta una edad bastante avanzada. El lactante y el niño muy pequeño son totalmente narcisistas y egocéntricos. Es también habitual en el adolescente, que atraviesa la crisis propia de la transición a la adultez.

Como dijimos más arriba, también puede constituir la base de ciertos trastornos de la conducta y de lo que el sicoanálisis denomina neurosis de carácter.

Conocer este mecanismo es útil para encontrar otro punto de ataque a los trastornos de alimentación. La tendencia al aislamiento en las personas que sufren trastornos de la alimentación no es provocada, únicamente, por la culpa y la vergüenza. También, lo es porque están excesivamente preocupadas por su cuerpo, su imagen y por el peso de sus conflictos personales. Es muy común que estas personas se sientan profundamente solas con su problema y crean que nadie los comprende ni los puede ayudar.

En el trabajo grupal se dan cuenta, entonces, de que no están solas y pueden empezar a compartir sus problemas con otras personas. No sólo para solucionar el propio, sino también para ayudar a los demás. Este mecanismo de intercambio es el que les permite superar el narcisismo y empezar a salir de esa especie de burbuja en la que están inmersos.

RESOLVER LOS PROBLEMAS EN GRUPO

La solución que proponen las licenciadas Rosina Crispo, Diana Guelar y el doctor Mario Levenberg, especializados en esta problemática, es que una vez que se logró el objetivo de combatir los síntomas propios del trastorno alimentario, se pueda empezar a trabajar grupalmente en los conflictos paralelos, que habían sido desplazados por la obsesión de la comida. De este modo, una vez finalizada la etapa de asistencia a los grupos sicoeducativos, se conforma un grupo de resolución de problemas integrados por adolescentes con otros tipos de problemáticas. Allí se trabaja en el logro de objetivos concretos y particulares en diferentes órdenes de la vida. *"Es importante que no falten a las reuniones, porque en un grupo se generan situaciones interpersonales"* añade el doctor Levenberg. *"Siempre hay como un espíritu del grupo y, por lo tanto, no da lo mismo si una chica acude a una reunión sí y a otra no. En cada encuentro se trabajan cosas diferentes."*

El trabajo grupal sostenido a lo largo del tiempo, por lo menos un año, permite ir desarrollando todos aquellos aspectos de la personalidad que habían sido dejados de lado durante la prevalencia del trastorno alimentario, como un medio efectivo de prevenir que se vuelva a caer en el antiguo hábito de volcarse a la comida para tapar los problemas. En el grupo de resolución de problemas se fomenta la autonomía, la actitud comunicativa, y se pierde el miedo a decir *"me pasa algo"*.

LA ACTITUD SOLIDARIA

"Los pacientes salen con una muy fuerte capacidad de comunicación", asegura el doctor Roberto Eguía, médico

siquiatra de Aluba, una asociación sin fines de lucro de lucha contra la bulimia y la anorexia. La solidaridad y el hecho de poder abrirse al otro se propone como un camino para dejar de mirarse el ombligo. La experiencia tan larga y difícil de luchar contra la bulimia y la anorexia, necesariamente trae un aprendizaje importante a la persona que la atravesó. *"Las pacientes que terminan su tratamiento nos visitan y nosotros las vemos maduras, emocionalmetne estables, casadas, con hijos"*, sonríe el profesional. *"Resolvieron sus problemas y, generalmente, tienen una conducta más solidaria que el promedio de la gente. Precisamente, la clave de la curación definitiva es transformar el narcisismo en solidaridad. El haber tocado fondo, generalmente, es lo que lleva a los humanos a querer mejorar esos aspectos de la sociedad que están mal. Negarse a ser esclavos de los modelos sociales es una de las formas de comenzar a remontar la pendiente de la curación".*

Capítulo 25

Pensar vs. Devorar

Todos los que han pasado por un trastorno alimentario coinciden en que sus pensamientos giraban en un 99,9 % alrededor de la comida y la obsesión por la balanza.

Los demás problemas no existían. La comida tapaba todo aquello que pudiese ser motivo de preocupación. Lamentablemente, también opacaba las razones para alegrarse y disfrutar.

La comida tenía el poder de encubrir la confusión de experimentar sensaciones nuevas, propias de la etapa de la adolescencia: nacimiento del deseo sexual, anhelo de ser aceptado por los demás, sentimiento de soledad, conflictos generacionales, preocupación por decidir el futuro...

Uno de los modos de empezar a deshacer el intrincado nudo es, precisamente, atreverse a pensar. Cada uno debe hacerlo sobre su propia vida, para encontrar sus propias respuestas. Pero bien vale tener en cuenta que las cuestiones que los desvelan son compartidas por la mayoría de las personas que los han sentido en algún momento de sus vidas.

No se coma sus problemas. Reflexione sobre ellos y piense cómo podría resolverlos.

1) EL SENTIMIENTO DE SOLEDAD

Las grandes ciudades son las capitales de los solos. Las modificaciones urbanas y sociales del contexto permiten que surjan nuevas formas de subjetividad que son soportes para la soledad.

Los shoppings, las discos, son *no-lugares* donde la gente va a buscar un lugar. Allí se dan encuentros efímeros donde nadie va a encontrarse con el otro, pero va a verse con otros y a que lo vean. Los adolescentes han adoptado nuevas formas de relacionarse cuando van a bailar. Ya no se baila en pareja, sino solo. Las chicas llegan por su lado y los chicos por otro, se encuentran y nunca más se vuelven a ver. Hay toda una nueva gama de modalidades que reúnen multitudes, pero no arman encuentros. Los grupos de solos y solas son intentos de armar encuentros. Otro de los paliativos más habituales para la soledad es el teléfono: hay gente que siente que su vida social transcurre a través del este aparato. En Francia, por ejemplo, el *Minitel* - un servicio telefónico por computadora muy extendido- tiene un servicio para solas y solos que se llama Ici Seul . Lo llamativo es que llega a diferentes edades, incluyendo a niños. Se dividen en grupos de 0 a 7, 8 a15, 16 a 20 y así sucesivamente. Existe también un grupo que se llama *La llave al cuello*, nombre que se refiere a una escena muy cotidiana que es ver a los chicos que van al colegio con la llave colgada en el cuello porque no habrá nadie para recibirlos cuando lleguen a su casa. A este servicio llama mucha gente para encontrar compañía, charlar. Así puede escucharse el llamado de una joven porque es su cumpleaños y nadie la había felicitado, ni nadie había dicho su nombre. Relatos de personas confesando que van a las grandes tiendas a pedir cosas que no necesitan, para que alguien les hable. Las líneas de amigos ofrecidas por los servicios de audiotexto también están superpobladas y las redes telemáticas donde se conversa a través de una computadora conectada por módem, otorgan la ilusión de estar en compañía.

CONSEJO: Busque amigos con los que se sienta bien y pueda compartir los mismos intereses. Puede ser un taller literario o de teatro, una agrupación ecologista o política, un club donde pueda practicar deportes en equipo o el mismo grupo de autoayuda al que concurre para superar el trastorno alimentario. Hable lo más que pueda con sus padres y hermanos, aunque sea difícil inténtelo.

2) LOS DESEOS REPRIMIDOS

La represión nos permite mantener bajo control a nuestros peores impulsos, pero también impide que surjan nuestras mejores ideas Los sentimientos que no expresamos -ya sea la bronca o el amor- generalmente se terminan convirtiendo en un veneno que nos va arruinando el carácter y la salud.

Tenemos ganas de hablar y nos callamos, se nos ocurre una idea, pero nos parece tan ridícula que no la decimos para evitar la burla, tenemos innumerables fantasías y no las contamos. A veces, incluso, nos asustamos y nos preguntamos *"¿cómo puedo ser capaz de pensar algo semejante?"*

Casi nunca hacemos o decimos todo lo que pensamos, es decir: vivimos reprimiéndonos. Y tal vez eso no sea del todo inconveniente, porque cierta dosis de prudencia siempre es necesaria, pero seamos conscientes de que por tapar lo que consideramos nuestros defectos, muchas veces terminamos ocultando también nuestras mejores cualidades. Es que, en principio, la represión es un mecanismo de defensa de la mente humana que nos permite dominar nuestros impulsos más primitivos y adaptarnos a una vida social. Pero, también, como todas las defensas, cuando se vuelve muy rígida, nos impide disfrutar de la vida, y además no nos garantiza la serenidad absoluta. Ya que siempre las ideas reprimidas pugnan por salir a la superficie. Veamos cómo es esto:

- Los mecanismos de defensa

Los mecanismos de defensa son los procedimientos psíquicos destinados a impedir el desarrollo o la manifestación consciente de ideas y afectos displacenteros. Las defensas se ponen en funcionamiento frente a las vivencias de angustia, miedo o culpa, por nombrar sólo algunas. Este mecanismo es automático, es decir que frente a una sensación de contrariedad, inmediatamente se desencadena la defensa, ya que el funcionamiento síquico tiende a buscar el placer y huir del displacer. La teoría psicoanalítica clásica considera que las defensas actúan frente a las pulsiones, los deseos, la realidad externa y el superyo. Freud introdujo el término defensa en 1894, en *Las neuropsicosis de defensa*. Posteriormente, amplió el concepto incluyendo la censura del sueño y la resistencia en el tratamiento psicoanalítico, ya que estas acciones también tienen el fin de mantener fuera de la conciencia determinadas ideas e impedir el desarrollo de afectos penosos. En *Inhibición, síntoma y angustia* (1926) señaló que la represión es una clase especial de defensa, ya que existen otras como negación, proyección, idealización, intelectualización, racionalización, etcétera.

Al igual que todos los mecanismos de defensa, la represión es una técnica de que dispone el yo para excluir de la conciencia un afecto penoso o conflictivo. Lo que caracteriza a la represión es que deja fuera de la conciencia a determinadas ideas. Las ideas o representaciones reprimidas permanecen en el inconsciente, constantemente activas y, finalmente, aparecen en los síntomas, lapsus, sueños y actos sintomáticos. Esto quiere decir, en términos sencillos, que cuando uno no expresa lo que siente, de todos modos eso que no fue dicho o pensado va a salir por algún lado. Por ejemplo, si una mujer se siente irritada por los actos de su marido, pero no se lo dice, o incluso no se atreve a pensarlo, y aparece una alergia en la piel, tal vez esté expresando esa irritación.

-¿Qué reprimimos?

Reprimir es detener una idea que va a ser exteriorizada, es algo distinto de la inhibición, en que el individuo no tiene conciencia de lo que inhibe. En cambio, la represión es una manifestación de la conciencia, que por otra parte, es útil, ya que uno reprime sus impulsos. Si uno no reprimiese una serie de cosas sería una sociedad vandálica, caótica y no habría ningún tipo de orden mínimo. Cualquier cosa que tiente, cualquier cosa que uno sienta la necesidad de expresar, lo haría. Si uno pasa la barrera de la represión, ya sea por una emoción muy fuerte, ya sea por el alcohol o por cualquier tipo de intoxicación o situación de estrés, puede darse más de un disgusto y comportarse de forma asocial. Aparentemente, los humanos hemos desarrollado mecanismos intelectuales y defensivos para superar el caos. Pero, en el fondo, y sobre todo en la parte afectiva, nuestros sentimientos son potentes. Por ejemplo, el amor que es uno de los impulsos más fuertes, es una bestia dormida que a veces se despierta y que quiere la posesión total del ser amado. No se conforma con partes ni con momentos: lo quiere todo. Entonces aparece la represión, como un sinónimo de conciencia, de mecanismo defensivo, por el cual se comprende que si sigue abrazando al objeto de su amor, a la manera del abrazo del oso, lo va a ahogar.

También se reprimen sentimientos como la vergüenza o el pudor. El sentimiento de la vergüenza surge, fundamentalmente, por la sensación de burla.

La zorra y las uvas

Otra de las emociones que se reprimen es la envidia, un sentimiento que permanentemente está en juego. Si en lugar de sentir envidia uno pudiese admirar al otro podría compartir su alegría sin lastimar su propia autoestima.

Pero no se reprime solamente lo desagradable, sino también todo lo que uno siente como difícil o imposible de alcanzar (recordemos la fábula de La Fontaine: la zorra después de intentar alcanzar las uvas y no conseguirlo porque estaban muy altas, termina consolándose exclamando que, después de todo, aún estaban muy verdes). Se reprime la expresión de algo que va significar una gran afrenta al narcisismo. Entonces, frente al rechazo o la imposibilidad de alcanzar algo que se desea uno dice *"no me importa, no me afecta, no lo quiero no me gusta, no lo necesito, no lo deseo o me da lo mismo"*.

CONSEJO: Siempre es posible romper las cadenas de la represión. Por supuesto que, como mecanismo de defensa, las represiones van a seguir existiendo. Sin embargo, uno puede gradualmente despojarse de las más evidentes, aceptando ante todo que los seres humanos somos por naturaleza afectivamente dependientes. En principio debemos reconocer que todos tenemos necesidad de afecto y no es una vergüenza demandarlo No se puede resistir el desafecto, la desaprensión, el desamor y la solución no está en esa supuesta capacidad que dicen tener algunos de pensar que el otro deja de existir, que sería reprimir la necesidad del otro, para defenderse del desamor. Deberíamos aprender a reconocer y aceptar nuestros sentimientos, tanto los conflictivos como los agradables. Es el único modo de vivir mejor.

3) EL MIEDO AL CAMBIO

Esta es una sociedad en la que, aparentemente, todos se comportan de acuerdo a las reglas, pero en el fondo de cada uno se esconden los ancestros, el odio, la vergüenza, la ira, la emoción, la envidia y todo lo que caracteriza a un ser humano. Por ejemplo, todos tenemos miedos, y esta emoción como mecanismo de defensa es útil. Si uno se encuentra en una situación difícil, la fuga o el ataque son las dos posibilidades que tiene y si uno se da cuenta que el enemigo es superior a uno, se va a hacer a un costado. Para poder escapar va a secretar adrenalina en forma importante, los neurotransmisores actuarán como para que el corazón comience a bombear con más fuerza, haya más tono muscular y la capacidad de escape sea mayor.

Pero tener permanentemente una actitud miedosa y no animarse a hacer cosas que le van a abrir un camino, deja de ser una suerte de don y se transforma en una situación masoquista, de daño personal. Es necesario desarrollar la capacidad de tolerar la frustración y animarse. ¿Cuántas pautas de seguridad se necesitan para decidirse a hacer lo que se desea desde el fondo del corazón? Miedo se puede tener, pero no se puede no tener coraje.

Para evitar conflictos tratamos de *"portarnos bien"*, teniendo siempre presente lo que nos mandaban en casa y en el colegio cuando éramos chicos, aunque hace tiempo somos adultos -o estamos en el camino de serlo- y, por lo tanto, nuestros actos nos pertenecen. Siendo personas correctas y civilizadas tratamos de mantener constantemente la compostura, generalmente más de lo verdaderamente necesario para llevar una vida social armoniosa. Crecimos convencidos de que por hacer y decir ciertas cosas, los demás tendrían el derecho de tildarnos de ridículos, desbocados o hasta de *"locos"*. Sin embargo por actuar siempre como es debido no sólo más de una vez resignamos nuestras ganas de hacer cosas, sino que en el afán de evitar un conflicto con los demás, terminamos entrando en un conflicto con nosotros mismos -aunque ni nos percatemos de ello-. ¿Qué hacer entonces para sentirse bien sin entrar en contradicción con los demás?

CONSEJO: En primer lugar, sea fiel a sí mismo y confíe en que sus valores morales deben ser respetados. De ahí en más todo lo que a uno se le ocurra es válido por osado y extravagante que suene. Si a una persona de 50 años se le ocurre estudiar canto lírico, tomar un curso de computación, o escribir poemas, ¿quién se lo impide? Si hace tiempo quiere decirle a una persona que la ama -o que la odia- ¿qué está esperando?

Por supuesto no en todo momento ni en todo lugar podemos hacer cualquier cosa que nos viene en ganas, principalmente por razones de convivencia y de supervivencia. Pero siempre podemos encontrar un espacio para dar rienda suelta a lo que verdaderamente somos.

4) LA CULPA Y EL AUTOCASTIGO

¿A veces se odia a sí mismo? ¿Se sorprende en más de una oportunidad preguntándose cómo pudo haber sido capaz de causar daño a alguien querido? ¿Cuando alguien le hace algún reproche, siempre le da la razón sin discutir? El tan humano sentimiento de culpa, es una presencia constante en todos aquellos que tienen dificultades con la comida. Por comer mucho, por comer poco. El círculo vicioso se alimenta aún más cuando se intenta lavar la culpa a través de hábitos patológicos que generan aún más culpa. Por más que vomite, ayune o tome laxantes, la culpa nunca quiere irse del cuerpo.

Habría que buscar otro modo entonces de lidiar con ella ¿verdad?

El modo más efectivo de hacerlo es recurrir a la inteligencia. Analicemos el problema desde el ángulo sicológico.

- El origen universal de la culpa

¿Por qué nos ponemos tan mal cuando aparece la culpa? ¿Aceptamos pasivamente que nos castiguen? ¿Nos autocastigamos? ¿Somos capaces de perdonarnos, de pedir disculpas, o de recomponer una situación?

Las reacciones al sentimiento de culpa difieren en cada persona, porque todos tenemos historias distintas que fueron llevando a que se instalase en nuestro interior mecanismos particulares que se desatan cuando aparece esta emoción. Pero un común denominador es que siempre nos sentimos mal con nosotros mismos.

- La culpa protectora.

Hay una forma de transformar ese mecanismo que nos hace padecer cada vez que nos sentimos culpables, por otro más maduro que nos enseña el lado bueno del sentimiento de culpa. Es lo que se conoce como el aspecto funcional de la culpa, es decir, entender que este sentimiento puede servir como un excelente mecanismo que nos permite aprender de los errores cometidos, para no volver a equivocarnos. Comprender esto es, sin duda, un primer paso que nos ayudará a resolver muchas de las situaciones que nos traen problemas de relación y nos hacen sentir mal con nosostros mismos.

El sentimiento de culpa muchas veces nos invade, inhibe nuestra conducta, nos hace sentir despreciables, indignos de reconocimiento e incapaces de ser exitosos. Las frases que acompañan generalmente a quienes se sienten siempre culpables son, por supuesto *"merezco el castigo"*, *"yo soy malo"*, *"es justo que nadie me quiera"*, exagerando más de una vez el grado de responsabilidad que les cabe al producirse un incidente desafortunado. ¿Qué les pasa a estas personas que se sienten culpables por todo?

- El código moral

En principio, tratemos de entender dónde nace este sentimiento empezando por una pregunta clave: ¿Qué es lo que nos lleva a que en muchas situaciones nos sintamos culpables, aun cuando no existan razones concretas que lo justifiquen? Esto puede responderse, según la sicología, explorando nuestro interior. Dentro de cada persona existe un sistema de normas internalizadas que guían su conducta. Para entenderlo bien, pensemos que así como los países se rigen por una Constitución que regula la interacción de los habitantes y así como las religiones tienen un conjunto de preceptos morales, como los diez mandamientos de la tradición judeocristiana, eso también existe dentro de cada sistema individual. Cada uno de nosotros tiene consciente e inconscientemente un conjunto de pautas que regulan nuestro funcionamiento. Este es nuestro propio código moral que puede o no coincidir completamente con el código social en el que vivimos, el cual por supuesto ha contribuido en gran medida a determinar al nuestro.

El contenido del código moral personal es el conjunto de normas que organizan nuestro comportamiento. Esas normas pueden enunciarse, por ejemplo, como *"no frustrarás a los otros"*, *"no dañarás a tus padres"*, *"no te irás de la casa de tus padres antes de casarte"*. Una vez que el contenido del código se estableció -un proceso largo que se realiza a través de los años- empieza a funcionar una suerte de sistema que garantiza su cumplimiento. Para explicarlo mejor, volvamos a nuestro ejemplo: así como en un país está la policía que asegura el sistema judicial y el cumplimiento de la constitución, este código de cada uno tiene un sistema que trata de asegurar su cumplimiento. Ese sistema, que puede llamarse *"guardián del código"* hace que cada vez que uno transgrede una norma o alguna de las pautas del código, se encienda una señal informando que el código se ha transgredido. Se trata de una suerte de castigador interno que cumple funciones de tortura dentro nuestro.

- El remordimiento

Una de las consecuencias más comunes del sentimiento de culpa es el remordimiento. ¿Qué es este sentimiento más precisamente? Clínicamente, se define como el pesar interno que produce en el alma el haber realizado una mala acción. Es la inquietud que despierta la memoria de una culpa, que va creciendo imperceptiblemente dentro de uno. La vivencia del remordimiento es como tener un objeto intragable atravesado en la garganta, que finalmente se volverá contra uno mismo. El problema principal del remordimiento es que muchas veces se desconoce su origen. Se experimenta como una sensación que está continuamente presente, pero no se sabe exactamente cuál es la culpa que está escondida detrás originando este malestar.

Freud describe el remordimiento como la manifestación de la emoción de culpa. En ciertos escritos lo vincula con el sentimiento consciente de culpabilidad, mientras que en otros lo asocia a su sentido inconsciente. Si nos preguntamos qué nos pasa a nosotros, veremos que, efectivamente, a veces nos sentimos culpables porque reconocemos haber hecho algo desacertado -por no llamarlo *"malo"*- , mientras que muchas veces tenemos la sensación de que *"algo no va"*, pero no sabemos qué es. Cuando conseguimos elaborar esa sensación contradictoria, podemos entonces darnos cuenta de que nos sentimos culpables, aunque no hayamos hecho nada con una mala intención.

Freud lo ejemplifica claramente en el texto *"Una neurosis demoníaca del siglo XVII"*, de 1923, donde explica cómo opera el sentimiento inconsciente de culpabilidad sobre el remordimiento. *"Es posible que el padre se haya opuesto al deseo del hijo de ser pintor; su incapacidad para ejercer ese arte tras la muerte de padre sería entonces, por un lado, expresión de la consabida 'obediencia con posterioridad' y, por el otro, el impedirle procurarse el sustento, forzosamente aumentaría la añoranza del padre que ampara frente a las cuitas de la vida. Como obediencia con posterioridad, sería también una exteriorización del remordimiento y un cumplido autocastigo."*

El remordimiento, que sobreviene cuando uno no ha conseguido elaborar la culpa inconsciente y su castigo, se vuelve obsesivo y doloroso. Es decir que aparece como un pensamiento reiterado que va minando la autoestima: *"te lo mereces"*, *"sos agresivo"*, *"fuiste insensible"* y que le impiden llevar adelante actividades que a uno le resultan gratificantes.

CONSEJO: Para dejar de sentirse culpable no basta con dejar de cometer los desarreglos alimentarios. El sentimiento de culpa, como dijimos muchas veces, sobreviene independientemente de que hayamos realizado un acto que trasgreda las pautas sociales. Si estamos en esta situación, la forma de solucionarlo es resolver la tensión que existe en nuestro interior atreviéndonos a mirarnos a nosotros mismos, sin enjuiciarnos.

Distinto es el caso si la culpa aparece cuando, efectivamente, hemos cometido un acto que ha herido a otros. Entonces, el sentimiento de culpa es coherente con lo que hemos hecho, por lo tanto resolver el problema internamente no alcanza, puesto que la persona dañada nos hará notar con su rechazo, castigo o indiferencia que hemos obrado *"mal"*, por llamarlo de algún modo.

Lo que está entonces en nuestras manos, para resolver el sentimiento de culpa, es realizar acciones concretas para reparar el daño ocasionado. Pedir disculpas, preguntar qué se puede hacer para recomponer una situación, reconocer que nos hemos equivocado, son actitudes que si bien pueden parecer difíciles o avergonzantes, en realidad tienen un efecto profundamente reparador. Si tiene algún problema pendiente, donde usted intuye que gran parte de la responsabilidad de un malentendido es suya, recuerde que *"lo cortés no quita lo valiente"* y decídase a instrumentar esta medida sencilla, atreviéndose a decir simplemente *"te pido perdón"*. Después de haberlo hecho verá como vuelve a respirar mejor. No habrá razones entonces para seguir autocastigándose con más o menos comida.

5) LA INCOMUNICACION

En la era de las comunicaciones, del fax y de las computadoras, parece que comunicarse se ha vuelto una tarea cada vez más difícil. Siete de cada diez preguntas inocentes hechas por la calle reciben como respuesta una agresión defensiva. Si las cosas son así, tal vez sea conveniente llevar siempre un reloj que funcione -para no tener que preguntar la hora- y un plano de la ciudad. Por nada del mundo habrá que atreverse a tratar de entablar conversación con algún desconocido o desconocida de aspecto simpático: lo más probable es que lo invite a irse ... *"bien lejos"*.

Ni que hablar de las situaciones entre los vecinos del edificio. La viejita del último piso podría morir sin que nadie se entere hasta varios días después. *"No tengo tiempo de hablar con los vecinos"*, dice Rosa. *"Por las mañanas hago las compras y la tarde se me hace corta. Además, si se entabla amistad con los vecinos nunca se sabe dónde termina: te molestan por cualquier cosa, un día por la sal, otro por una taza de azúcar y al siguiente por lo que sea"*. Nuestra existencia parece estar ceñida cada vez más a la absoluta privacidad. En la práctica, todo se desenvuelve como si cada uno de nosotros hubiese decidido vivir en un baúl herméticamente cerrado, del cual es peligroso salir aunque sea un poco. *"No necesito a nadie y nadie debe venir a molestarme"*, parece ser el lema de la época.

- Solo y bien acompañado

En los años noventa todo contribuye a que sea más fácil estar solo que acompañado. Es como si no necesitásemos de nadie y nos resulta más sencillo replegarnos sobre nosotros mismos. Uno de los signos de nuestros días es el auge de las pizzerías que ofrecen servicio a domicilio. Y el consumo se inclina cada vez más hacia todo tipo de artefactos para el confort de la casa. *"Desde que me divorcié"*, explica Juliana, *"vivo sola y me doy cuenta de cuán difícil se hace conocer a una nueva persona. Todos mis amigos están en pareja y no tienen muchas ganas de divertirse. Me siento marginada. Intenté salir de esta situación, me inscribí en un club, probé llamar a la línea telefónica de amigos ... pero no cambió nada. Así paso mis noches mirando la televisión o leyendo una buena novela"*.

Pudor, vergüenza, miedo. Es difícil hacer una lista

completa de los sentimientos y de los prejuicios que obstaculizan la comunicación. En este campo se trata, más que nada, de una cuestión de códigos. Y los códigos de nuestro tiempo son demasiado confusos para ser verdaderamente eficaces. La urbanización galopante, la inseguridad, la modificación de la estructura tradicional de la familia, la complejidad de las relaciones hombre-mujer (más difíciles después de la emancipación femenina) contribuyen a aumentar los retos de la comunicación.

Una de las cuestiones más difíciles de compartir en nuestro tiempo es la intimidad. Para muchos de nuestros contemporáneos, la intimidad es mucho más placentera de soñarse, meditarse en soledad que de vivirse. Sofía, por ejemplo, se complace de su propio aislamiento. Es una mujer que fascina, seduce y atrae con su aspecto: corte de cabello a la última moda, cuerpo perfecto, y se viste provocativa. Pero todo este aparato sirve para enmascarar lo esencial: el sentimiento que Sofía no quiere expresar porque le avergüenza la posibilidad de *"dejarse llevar"*.

Estos son individuos que, a pesar de manifestar una excelente adaptación social y profesional, no pueden soportar una relación fundada sobre un intercambio auténtico, una cálida intimidad. Como Sofía, trasmiten una sensación de frialdad, a veces de malestar, e incluso la presencia de los otros es vista por ellos como una intromisión en el propio territorio. Para estas personas ser uno mismo, dejarse llevar es, a veces, una verdadera odisea. Ven a los otros sólo como invasores, o bien, se sienten en peligro frente a la sola idea de experimentar alguna emoción.

Para comunicar, para crear complicidad, se necesita estar en equilibrio tanto con el mundo interior como con el mundo exterior. Es necesario saber acceder a los propios pensamientos, sentimientos, fantasmas (en una palabra, saber comunicarse consigo mismo), pero también estar listo para compartir la propia individualidad. Una persona excesivamente narcisista, que pasa el día entero, en contemplarse el ombligo, difícilmente podrá tomar en consideración los deseos de los otros. Pero también un individuo muy angustiado, incapaz de remar solo con los propios fantasmas interiores y los propios sentimientos, que frecuenta al prójimo únicamente por el miedo a la soledad, por una necesidad vital -y no por deseo y placer- será incapaz de establecer lazos auténticos.

La actitud en la intimidad se remonta a la vida fetal. Una mujer que ve un intruso, en el hijo que lleva en el vientre, considerará al neonato como un ser peligroso del cual hay que alejarse. Un bebé amado con tanta ambigüedad tiene pocas posibilidades de volverse un adolescente y luego un adulto que está bien en su propia piel, capaz de abrirse a los otros. Sintiéndose fuente de peligro para su madre, vivirá considerándose indigno del amor del prójimo. Y, en estas condiciones, no será tampoco capaz de apreciar el afecto de los otros. Afortunadamente, a través de los juegos, los niños logran aprender a comunicarse.

CONSEJO: Recuerde que la capacidad de vivir con los otros pasa a través de la reconstrucción de un espacio autónomo propio. De un espacio que sirva, no para refugiarse, sino para acoger a los otros. Tanto en el amor como en la amistad, la clave es siempre la misma: mantener buenas relaciones, sobre todo, con uno mismo.

Apéndice

Appendice

Capítulo 26

Historias de vida

Pacientes recuperadas confiesan los secretos de sus largos viajes a través del territorio de la bulimia y la anorexia.

VIRGINIA O EL SUICIDIO ALIMENTARIO

"*A la edad de 13 años (ahora tengo 28), me convertí en anoréxica. Ahora me doy cuenta de que hubo dos circunstancias especiales que me llevaron a este naufragio. Por un lado el hecho de que mis padres tenían una relación horrible aunque todavía no se habían divorciado. Por otro, el fuerte shock que me produjo el hecho de que mi profesor de danza clásica se permitiese ironizar sobre mi ligero sobrepeso: 52 kilos para 1 metro 59. "Eh, Virginia", me dijo, "te estás poniendo un poco rechoncha". Me tomé su comentario literalmente. Algo en ese momento se dislocó en mi cabeza y decidí comprometerme en un régimen alimentario drástico.*

Cuando uno comienza a adelgazar sucede algo extraño: dan ganas de seguir adelgazando, uno le toma el gusto y no puede parar. Entonces entré en una espiral infernal. No me alimentaba más que con algunas frutas y yogures, sin sobrepasar las 500 calorías por día. En el colegio jamás pisaba el bar, tomaba laxantes y vivía en el miedo delirante de engordar. Quería estar vacía, totalmente vacía... Inhabitada, aun por mí misma.

Subirme a la balanza se convirtió en una especie de ri-

tual cotidiano y quería adelgazar por todos los medios posibles. Me mataba haciendo jogging, gimnasia intensiva hacía cosas inverosímiles para eliminar la mayor cantidad posible de calorías. ¿El resultado? Al cabo de un año pesaba 28 kilos".

LA GUERRA DE LOS ALIMENTOS

"La casa donde vivía con mis padres se convirtió en poco tiempo en un verdadero campo de batalla. Cada comida era un drama. Para mí era una prueba de fuerza en una guerra doméstica y alimentaria. De todos modos lograron hospitalizarme. Estuve en un servicio de neurología donde los médicos tenían un desconocimiento total del problema de la anorexia nerviosa. Ignoraban que detrás de este trastorno alimentario puede haber un problema afectivo, familiar, una relación difícil con una madre sobreprotectora...

Estaba encerrada en condiciones casi carcelarias: aislamiento completo, sin objetos personales y sin ver a mi familia. Eso duró seis meses. Y luego terminé por ceder al chantaje: mi salida del hospital dependía de una recuperación del peso. Finalmente engordé 20 kilos pero estaba furiosa, rebelde y tan pronto como salí retomé el camino de la anorexia. Por supuesto, todo esto acompañado con los correspondientes problemas físicos: caída del cabello, piel seca y arrugada, uñas estriadas y quebradizas, interrupción de las menstruaciones y el pulso y la presión arterial en el mínimo.

Al principio, este progresivo suicidio te hace sentir eufórica. Escuché a algunas compañeras de tratamiento llamarlo "orgasmo del hambre" pero enseguida empieza a invadirte una inmensa tristeza. Un año más tarde, a los 15 años me internaron nuevamente. En mi habitación había una cámara vigilándome constantemente: los médicos querían ver si comía todos los alimentos y si no me provocaba vómitos. Además me controlaban con tranquilizantes y antidepresivos. Dormía todo el tiempo. No leía. En breve estuve en la completa nada. Cuando salí de allí, me lancé a una hiperactivi-

Algunas de las fotos que ilustran este capítulo son de una crudeza realmente extrema. Sin embargo, creemos que, en este caso, una imagen puede valer mucho más que miles de palabras. Este documento exclusivo muestra el estado al que llegan cientos de pacientes antes de iniciar un tratamiento.

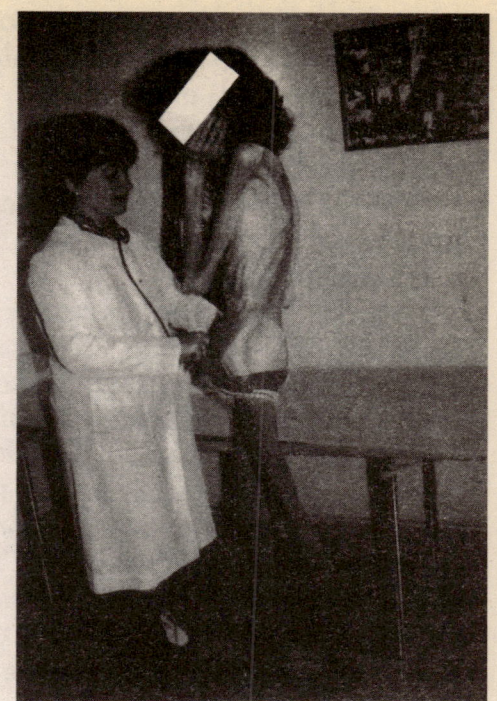

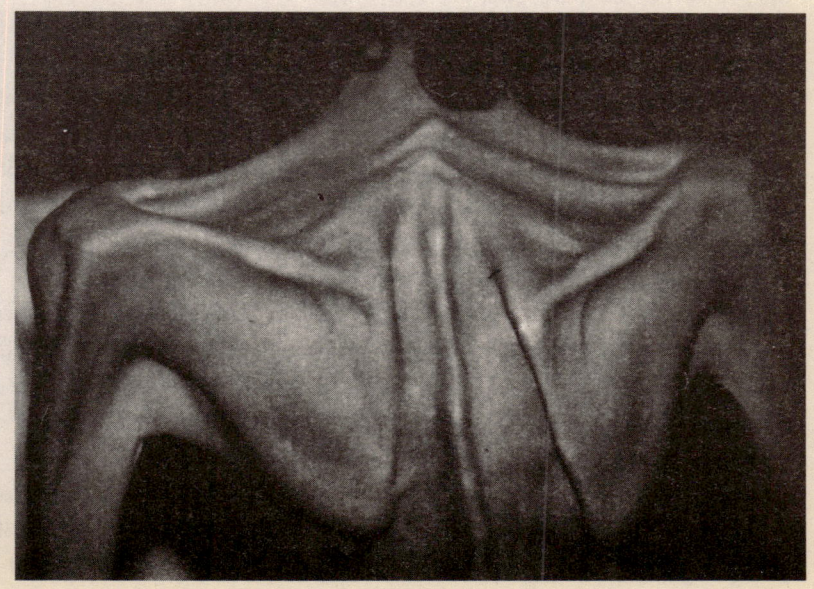

dad intelectual, me entregué a fondo en los estudios para olvidar mi sufrimiento. Resultado: abanderada en el bachillerato y un diploma de ingeniera.

A pesar de estos éxitos yo persistía en mi negativa a comer. Organicé poco a poco una resistencia pasiva frente al alimento. Mi estómago se retorcía de dolor y de rechazo. Cada miga de alimento me quemaba la garganta como una lámina de cuchillo afilado.

Luego empecé a leer libros sobre los orígenes de la anorexia. Se dice por ejemplo que frecuentemente conlleva el rechazo a la madre. Sentí que era mi caso. Una se rebela a recibir alimentos que es el vínculo afectivo con la madre. Como dicen los sicólogos, el rechazo del alimento es sinónimo del rechazo de la imagen materna: una manera de negarse a su mandato de escapar a su alienación. Una niña, luego una adolescente, yo era una verdadera "imagen niña". Me había desarrollado mucho más en función de lo que esperaba mi madre que en función de mis propios deseos. Ella había proyectado sobre mí la imagen de lo que ella hubiera querido ser. El ser el depositario de ese proyecto maternal abortado es una carga demasiado pesada para un hijo. Mi salida fue privarme de alimento, símbolo de un amor maternal ambiguo, con el fin de no llevar toda una vida delineada por mi madre.

Se dice también que las madres de las anoréxicas son a la vez frías, rígidas e hiperprotectoras. Los padres, estarían más bien ausentes y pasivos. Efectivamente, ese era mi caso. Mi padre era inexistente, siempre se había dejado dominar por mi madre hasta que decidió abandonar la casa.

A los 24 años yo no pesaba más de 29 kilos.

Estaba mal. Me dejaba morir. Me empecé a sentir como transportada por una pesada piedra negra en el fondo de mí misma. Me dije: o te dejás morir o remontás la pendiente. Conocí entonces un especialista de anorexia que al menos tenía un buen conocimiento del problema.

La primera etapa del tratamiento fue, por supuesto, la reeducación alimentaria. Una tarea verdaderamente difícil porque no podía identificar la señales del hambre y la necesi-

Otros dos casos documentados, en esta oportunidad, con trascendencia internacional. Son dos hermanas que acordaron un pacto para bajar de peso indefinidamente. Una de ellas murió (foto 2 a la derecha). La otra con apenas 25 kilos lucha desesperadamente por su vida (foto 1). En fotos 3 y 4 las dos hermanas antes de someterse a la rigurosa dieta de adelgazamiento.

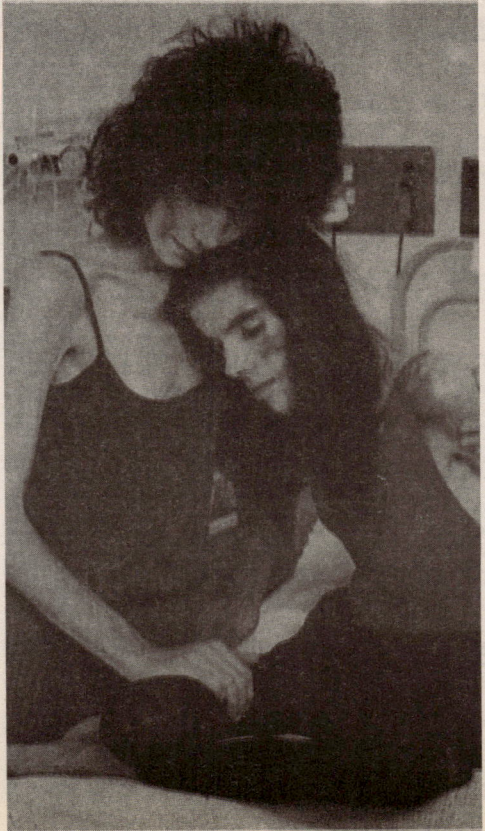

dad de comer. Con este médico los métodos fueron mucho más humanos. Nada de contratos autoritarios del tipo: **"saldrás de aquí con 40 kilos"**. Era, más bien, una negociación permanente, donde me hicieron responsable de mi propia curva del peso. Yo misma podía decidir mi régimen orientada y asesorada por una nutricionista. Agregado a eso asistí a una sicoterapia de apoyo y también tomé bajas dosis de antidepresivos. Cuando recuperamos peso, las anoréxicas tendemos a deprimirnos un poco.

Finalmente recuperé 20 kilos en cinco meses. Fue el renacimiento, una metamorfosis completa. Tuve la impresión de salir de arenas movedizas. Hoy, a los 28 años, ya no tengo más problemas con respecto a la alimentación. No como más sola sino siempre con mis amigos. Descubrí también mi cuerpo y todas las posibilidades que él puede ofrecerme: hago natación, tenis, buceo y equitación.

Sin embargo todavía no pude superar cierto rencor contra mi madre. Ella sigue tapándose los ojos sin querer ver la verdad. ¿Lo hará algún día? ¿Conseguiré perdonarla igualmente?

DIARIO DE UNA BULIMICA

Un pequeño cuaderno... una escritura incisiva y curvada. Y unas pocas notas que desfilan a lo largo de las páginas del diario de Cinthia. *"Son las once de la noche, estoy mal, muy mal, tengo ganas de tirar todo por el aire. Eso me paso hace dos horas. Estoy sola en la casa, me encerré en la cocina. Me dolía la panza hasta sentir ganas de vomitar, pero no paré de comer, de devorar cualquier cosa. No me importaba lo que fuese ni cómo lo engullía. Cinco tazas de café con leche, una cacerola de arroz, un pan de manteca, una botella de aceite, cinco rebanadas de pan, un repollo y medio...todo mezclado. Me sentía arrepentida pero continué devorando hasta perder el aliento. Estaba hinchada, fea, repleta, pesada y la angustia no cesaba. Me provoqué el vómito. Fue mi quinto atracón del día."*

"A veces llego a gastar 500 dólares por semana", cuenta *"Cinthia, la autora del diario"*. *"Cuando ya no tengo un peso más en el bolsillo empiezo a comer directamente de las góndolas del supermercado. La sensación de hambre me surge así, tanto por un sí como por un no. No puedo resistirme a esta locura. Fracaso una y otra vez. A veces muy temprano a la mañana me compro doce medialunas o dos cajas de cereales. Y continúo en una especie de estado de melancolía. Es repugnante. O devoro todo en mi camino. Se diría que quiero destruir todo y de repente me doy cuenta de que vacié la heladera. Me comí hasta las viejas porciones de queso ya seco, el pan rancio. Todo lo arrasé.*

Eran orgías sin placer que terminaban en la vergüenza y el remordimiento. Ese frenesí por la comida me aportó todo un cortejo de malestares que me llevaron a decidirme a buscar ayuda médica: sudores, taquicardia, problemas con los ciclos menstruales. Tenía pánico por la idea de engordar, también me hacía vomitar después de cada atracón. A veces me atiborraba de medicamentos: laxantes, diuréticos anorexígenos. Tenía vértigos, calambres en el estómago, caída de cabello. Empecé a agregar períodos largos de ayuno y de matarme haciendo gimnasia. Tardes y tardes nadando en la piscina, luego trote. Iba al sauna, al baño turco, tomaba vomitivos y hacía complemento de pesas. De locos. Dios sabe sin embargo que intenté cambiar: empapelé la cocina con grandes carteles en la heladera del tipo **"no comerás"**, **"engullir es monstruoso"**.

En el tratamiento me recomendaron analizar cuáles eran mis sentimientos cada vez que tenía un atracón. Tenía que anotar cuáles eran los motivos que me llevaban a sentir esa necesidad desesperada de comer.

Finalmente empecé a comprender lo que me pasaba y poco a poco pude volver a comer normalmente."

Capítulo 27

Lo mismo que a usted

Un reciente estudio, realizado en distintas universidades americanas, descubrió que la mayor parte de la gente se siente muy sola con su problema alimentario. El mismo estudio demostró, además, que cada problema considerado único e irrepetible, en realidad es muy similar a los de otras personas, aunque las circunstancias particulares varíen de un paciente a otro.

Cada vez más la ciencia médica reconoce el valor de compartir las experiencias, tanto las buenas como las malas. Si bien la manera en que cada uno encara la solución de su problema puede tener su enfoque particular, lo concreto es que conocer lo que le pasa a los demás es una ayuda invalorable a la hora de encontrar soluciones efectivas para un problema propio.

A continuación encontrará algunas cartas, seleccionadas de entre las cientos que llegan mensualmente a la sección *"Consulta Abierta"*, de la revista **Buena Salud**, en que nuestros lectores nos expresan su preocupación acerca de cómo enfrentar el problema de la bulimia y la anorexia, tan difundido en la actualidad. A cada una de ellas, un equipo asesor le responde con una opinión personalizada. Léalas para aprender cómo actuar si encuentra, entre todos estos casos, alguno similar al suyo.

SUS AMIGAS COMEN POCO Y NADA

P: Recientemente a mi mejor amiga le diagnosticaron anorexia. Después de eso me di cuenta de que mis compañeras en el almuerzo de la escuela, empezaron a comer muy poco. Con una tabla de calorías, mi mamá hizo el cálculo de lo que comen y se asustó: no más de 100 ó 200 calorías. Este es un cambio muy brusco con respecto a lo que solían comer habitualmente. ¿Es una llamada de atención?

Karolina González
Santiago, Chile

R: Muy interesante, pero nada sorprendente. Es muy probable que sus amigas estén empezando a desarrollar conductas que pueden desembocar en un trastorno alimentario. Si usted sigue comiendo con ellas y nota que no cambian de actitud y pierden demasiado peso, tal vez deba conversar para averiguar lo qué les pasa y recomendar una ayuda profesional.

NOVIA DELGADISIMA

P: Mi novia tiene 16 años y no quiere comer. Dice que no puede o que no tiene ganas y no quiere ponerse gorda. Creo que tiene anorexia. Mide un metro cincuenta y cinco de estatura y no pesa más de 50 kilos. También, es vegetariana y se estuvo sintiendo muy fatigada durante las últimas semanas. Llegué a insistirle para que coma legumbres y comidas ricas en proteínas. ¿Hice lo correcto? ¿Qué tengo que hacer? ¿Qué tendría que hacer ella?

Gustavo Quillán
de Córdoba, Argentina

R: Su novia tiene que ver a un médico y a un sicólogo especializado en trastornos de la alimentación. Puede ser que no tenga anorexia, pero esto debería determinarlo un profesional.

Muchas adolescentes están preocupadas por su peso a causa de la presión social y, a veces, no comen bien. La anorexia se caracteriza por una preocupación obsesiva por la delgadez, un exceso de actividad física, restricción de la cantidad de alimentos que se come y una distorsión de la imagen corporal. La forma para solucionar estos problemas no consiste en insistirles para que coman más (no lo van a hacer), sino en ayudarlas a tomar conciencia de sus problemas y orientarlas en la búsqueda de asesoramiento médico.

Su peso corporal ideal es entre 45 y 50 kilos. Si es vegetariana, es importante cuidar lo que come. Es importante que se informe adecuadamente para seguir una alimentación equilibrada, que incluya porotos de soja, ricos en proteínas y legumbres verdes. Lo mejor que usted puede hacer es escucharla y acompañarla. Puede comunicarle que usted piensa que la forma en que ella come no es saludable, pero no la obligue a comer porque sólo conseguirá aumentar su resistencia y perder su confianza.

DUDA CONCEPTUAL

P: *Soy estudiante de la carrera de nutrición y tengo una duda: ¿Anorexia es lo mismo que bulimia? ¿Se puede tener ambas a la vez?*

Martín Daniel Volensko
de Montevideo, Uruguay

R: La anorexia se caracteriza por una limitación autoimpuesta de la ingesta, una pérdida de peso deliberada que va ente el 15 al 25% del peso corporal habitual, un miedo intenso de tener sobrepeso, una distorsión de la imagen corporal y ausencia del ciclo menstrual. La mayoría de las personas que tienen anorexia son mujeres de clase media que están entre los 11 y los 18 años.

La bulimia se caracteriza por devorar grandes cantidades de comida y, seguramente, eliminarlas mediante la autoprovocación del vómito o el abuso de laxantes. El comportamiento bulímico usualmente comienza con un incidente de voracidad seguido de culpa.

Respecto a su segunda pregunta, sí, una persona puede tener ambas conductas -bulímica y anoréxica- cuyo mayor riesgo es el desequilibrio electrolítico que aparece cuando el nivel de minerales en la sangre es peligrosamente bajo. Un bulimaréxico puede enfermar seriamente a causa de los vómitos, la diarrea y la inanición.

La mayoría de los anoréxicos comienzan haciendo una dieta para perder unos pocos kilos. Pero luego, el hábito de hacer dieta no se abandona y esos pocos kilos se convierten en demasiados. Prontamente, el dietante se ve como un prisionero de un campo de concentración. Se puede reconocer a un anoréxico por su apariencia física. Los amigos y la familia expresan desconcierto sobre la pérdida de peso del anoréxico. Pero cualquier llamada de atención sobre su peso es interpretada por el anoréxico como *"todos quieren verme gordo/a"*. Esto provoca un abismo entre el anoréxico y su familia. La actitud del anoréxico es *"Tengo el control de mi vida y le demostraré a todo el mundo que puedo perder peso"*.

Inicialmente, el anoréxico comienza eliminando las comidas hipercalóricas como postres, panes y papas. Luego, a medida que desean perder más peso eliminan la leche, la carne y las frutas. La mayoría de las dietas de anoréxicos contienen sólo vegetales crudos y ensaladas sin aderezo. Ocasionalmente, pueden comer huevo, atún, queso cottage y yogur descremado. Es una dieta altamente restringida donde sólo algunas comidas *"seguras"* están permitidas y todo el resto se consideran prohibidas. Llega un momento en que a pesar de comer muy pocos alimentos, la pérdida de peso se detiene. Esto agrega una nueva frustración al anoréxico que, entonces, adoptará otras conductas tendientes a perder peso: rutinas excesivas de ejercicio físico, vómitos y abuso de laxantes.

QUIERE AYUDAR A UNA AMIGA

P: *Conozco a alguien que es realmente muy delgada y probablemente tiene anorexia. ¿Qué puedo hacer para ayudarla?*

Susana Maimón de Ferrero
de Buenos Aires, Argentina

R: Si la persona es menor de 18, conviene que sus padres la lleven a un tratamiento. Sin embargo, si la persona es mayor, usted puede animarla a buscar ayuda. Dígale que se ve poco saludable o enferma, no delgada, porque la delgadez es la meta que los lleva a controlar su ingesta alimentaria. Si una amiga anoréxica ha intentado suicidarse, acérquele ayuda sicológica urgentemente. Puede ofrecerle acompañarla a la primera entrevista con el sicólogo o el siquiatra, pero no intente resolver los problemas de su amiga. Usted no puede.

El tratamiento para un anoréxico debe ser intensivo y puede durar varios meses, incluso años. En ciertos casos se requiere hospitalización para detener los riesgos de muerte a los que lleva el adelgazamiento extremo: deshidratación y propensión a contraer infecciones.

Busque un centro de tratamiento especializado y llame para saber cómo actuar. No espere que el problema se resuelva con el tiempo, porque sólo puede empeorar. No trate de "*curar*" usted mismo a su amigo anoréxico porque el problema con la comida es sólo un síntoma, no la verdadera causa de sus conflictos.

OBSESIONADA POR LA PANZA

P: *Tengo una compañera de gimnasia que mide un metro sesenta y pesa 43 kilos. ¿Tiene anorexia? Ella cree que to-*

davía tiene que perder algunos rollos de la panza y lo único que come son caramelos.

Marité Nataniel
de La Serena, Chile

R: Su amiga reúne tres de los criterios para diagnosticar la anorexia. Su peso apropiado es 55 kilos, cualquiera que haya perdido un 25% de su peso normal tiene un síntoma de anorexia.

Además, tiene una percepción equivocada de su cuerpo. Una persona que pesa 43 kilos probablemente no tiene demasiada grasa en su estómago. Los anoréxicos buscan la perfección del cuerpo y un control fanático de su peso.

Esos *"rollos"* que ve en su panza, seguramente es piel que está un poco floja, no grasa.

Los caramelos constituyen uno de los alimentos más comunes en los atracones y podría suponerse que su amiga tiene, también, algunos comportamientos bulímicos. De todos modos, es sorprendente que ella coma caramelos delante suyo. Generalmente, los bulímicos no comen comidas prohibidas delante de otras personas. Usualmente no comen demasiado delante de los otros.

Le sugiero que la anime a buscar ayuda profesional. Ofrézcale acompañarla a la cita con el médico, dígale que se ve enferma, no delgada. Si niega necesitar ayuda, continúe diciéndole que no se ve saludable y que debe buscar un tratamiento.

HIJO ESQUELETICO

P: Mi hijo de 17 años adelgazó diez kilos en un mes, después de haber dejado de comer carne. El insiste en que se siente bien y nos acusa a nosotros de caníbales. No sé cómo hablar con el. Está demasiado flaco y no parece dispuesto a abandonar la dieta. Temo que tenga anorexia, pero mi marido dice que ese problema no afecta a los hombres. ¿Es cierto?

Diana de Ciocca
de Santa Fe, Argentina

R: No. En los últimos años el porcentaje de varones afectados por trastornos alimentarios aumentó significativamente. Hay un hombre por cada diez mujeres que padecen bulimia o anorexia. En su carta, usted no dice cuál es la altura de su hijo, por lo tanto no sabemos si el peso actual está por debajo del que le corresponde. De todos modos, perder diez kilos en un mes no es lo recomendable. Convenza a su hijo de ver a un médico especialista en alimentación vegetariana, para saber cómo debería alimentarse correctamente. Si insiste en comer sólo unas cuantas verduras sin equilibrar su alimentación entonces tal vez tenga anorexia nerviosa. Persista en buscar ayuda especializada.

AVERGONZADA Y VALIENTE

P: No sé lo que me pasa últimamente. Me despierto sobresaltada a la noche y no puedo volver a dormirme si no como algo dulce. El problema es que llego a la heladera y termino arrasando con todo. Mi mamá se dio cuenta de lo que hacía y ahora esconde las golosinas para que yo no me las coma, pero yo reviso todo hasta que encuentro donde está y después niego que fui yo y le echo la culpa a la empleada doméstica que es gorda. Me da mucha vergüenza admitir lo que hago. Tengo miedo porque cuando me pasa eso siento que no soy yo misma. Leí hace poco que lady Diana es bulímica. ¿Puede ser que a mí me esté pasando lo mismo?

Marisel L.
de Mendoza, Argentina

R: Su relato es similar al de las jóvenes que comienzan a sufrir la bulimia. Esas escapadas incontrolables a la heladera son la conducta típica de la enfermedad, que quiere decir *"hambre de buey"*, y el episodio bulímico que usted describe es un acceso bulímico que popularmente se conoce con el nombre de *"atracón"*. Es natural que sienta culpa y vergüenza, pero sepa que la única forma de detenerlo es buscar ayuda. Los atracones no suceden únicamente por su falta de voluntad, sino por complejas causas sicológicas, biológicas y culturales que hay que aprender a enfrentar. Busque ayuda cuanto antes, y si en su ciudad no funciona un grupo de autoayuda, póngase en manos de un nutricionista y un sicólogo que entiendan de trastornos de la alimentación. Busque apoyo en su madre y pídale que no esconda la comida. Esa no es la solución.

NO COME Y ENGORDA

P: *Tengo 27 años y ya probé todas las dietas habidas y por haber sin ningun resultado. Por lo tanto, decidí inventar una para mí. Lo que hice fue planificar una sola comida al día. Este método me dio resultado al principio, pero después empecé a engordar otra vez. ¿Por qué?*

Fabiana Graitz
Tucumán, Argentina

R: Lo que ocurre es muy simple: su organismo se acostumbró a recibir pocos alimentos y bajó lo que se conoce con el nombre de *"metabolismo basal"*, es decir lo que su cuerpo necesita sí o sí para vivir. Por esta razón, al principio descendió de peso y luego, cuando se acostumbró a la ingesta restringida, comenzó a engordar. Lo mejor que puede hacer es realizar una alimentación equilibrada que la ayude a bajar el sobrepeso -si lo tiene realmente- sin perjudicar a su organismo.

Agradecimientos

Buena Salud agradece el asesoramiento y la valiosa información proporcionada para la realización de esta guía a:

Licenciada Diana Guelar, licenciada Rosina Crispo, Doctor. Mario Levenberg, coordinadores del Centro de Trastornos del Comer La Casita.

Dr. Roberto Eguía, de la Asociación de Lucha contra Bulimia y Anorexia.

Señora. Alicia Rodríguez Víctori, de la Biblioteca Roche.

Direcciones

ARGENTINA

CAPITAL FEDERAL

Hospital Italiano
Gascón 450.
981-6143.

Hospital Alvarez
J.F. Aranguren 2701
Tel: 611-6409

Hospital Durand.
Av. Díaz Vélez 5044.
Tel 982- 982-5770/1050 y
interno 218

Hospital de Gastroenterología Udaondo
Caseros 2601.
Tel : 306-4641

Hospital de Clínicas
Av. Córdoba 2351
Tel: 962-4081/4083/4022 - 961-6001/6004/7575
Departamento de Salud Mental y División Nutrición.
Departamento de Adolescencia (internos 375 y 378)

Hospital Ameghino
Av. Córdoba 3120
Tel: 862-2893/6 - 862-0019

Hospital Gutiérrez
Gallo 1660
Tel: 962-9212/9348/9247
internos 297 y 298

Hospital Piñeyro
Varela 1307
Tel: 631-1352/6777
interno 1307
Psicopatología. Consultorios externos.

Hospital Pirovano
Av. Monroe 3655
Tel: 542-5552 / 543-4007

Hospital Ramos Mejía
Urquiza 609
Tel 957-2888

Hospital Zubizarreta
Nueva York 3952
Tel: 502-3263
Fax. 566-3137

Universidad de Buenos Aires
Servicio de Asesoramiento
y orientación Anorexia y Bulimia
Hidalgo 1067
Tel: 983-3255

Centro de Trastornos del Comer "La Casita"
Migueletes 1831 puerta 3.
Tel: 787-5432

ALUBA
Asociación de lucha contra Bulimia y Anorexia
Combate de los Pozos 2193
Tel/Fax: 306-9786/9789 - 304-8081

Aigle
Centro de Estudios Humanos
Virrey Olaguer y Feliú 2679
Tel : 781-3897

ABAN
Asistencia de Bulimia y Anorexia Nerviosa
Cuba 3468.
Tel: 701-6080/2822

Fundación Hemos
Chacabuco 243 - 1° piso
Tel: 331-0697 y 345-0904

Fumtadip
(grupo de trabajo interdisciplinario)
Salguero 3056, 2° C
Tel/fax: 801-2571

¿Cómo ser?
Centro psicoanalítico de tratamiento
para los trastornos de la alimentación.
Mansilla 3465 9°B
Tel: 821-6953

BAHIA BLANCA
ALUBA
Alem N° 562
Tel: (091) 31365

CORDOBA
ALUBA (en formación)
Santa Fé 1119
Barrio Providencia
Tel (051) 817446

Universidad de Córdoba
Carrera de Nutrición
Pabellón Chile Ciudad Universitaria (C.P. 5000)
Tel:(051) 600295

CORRIENTES
ALUBA (en formación)
San Lorenzo 757
Tel: (0783) 34689/66882

MAR DEL PLATA
ALUBA
Hipólito Yrigoyen N° 4098
Tel (023) 948492

MENDOZA
- Universidad Juan A. Mazza
Av. Acceso este 2245
San José Guaymallén
Tel: (061) 26-1036

OLAVARRIA
ALUBA
Belgrano 1946
(0284) 26219
ROSARIO

ALUBA
Av. de los Trabajadores N° 1355

Tel: (041) 037-1033

SALTA

Facultad Ciencias de la Salud (U.N.SA.)
Buenos Aires 177
(C.P: 4400)
Tel/Fax: (087) 250199

TANDIL

ALUBA
9 de Julio N° 1205
Tel (0293) 40300

URUGUAY

MONTEVIDEO

ALUBA
Sarandí N° 122
Tel: (050) 961708

CHILE

SANTIAGO

Hospital Clínico de la Universidad
Católica de Chile
Departamento de Nutrición y Alimentación
Marcoleta 367
Tel: (2)686-3144

Hospital Dr. Felix Bulnes Ferda
Departamento de Nutrición

Leoncio Fernández 2655
Tel: (2)773-3776
Hospital del Salvador
Departamento de Alimentación.
Av. Salvador 364
Tel:(2) 340-4417

Hospital del Profesor
Av. Libertador O'Higgins 4860
Tel:(2) 776-4204

ESPAÑA

BARCELONA
Fundación GABA
Caspe 33 2° 2a
Tel: (00-343) 3019402

ESTADOS UNIDOS

Anorexia and Bulimia Nervosa Foundation of Victoria (Inc.)
1513 High Street, Glen Iris, 3146
Tel: 03 9885 0318
Fax: 03 9885 1153

American Academy of Child & Adolescent Psychiatry Directory
361 Wisconsin Avenue, NW
Washington, DC 20016-3007
Tel: 1-202-9667300
Fax: 1-202-9662891

**Counseling Center Division
of Student Affairs**
State University of New York al Buffalo
120 Richmond Quad
Buffalo, NY 14261 USA
716-645-2720

Eating Disorders Clinic, GSAPP
41 Gorden Rd.
Psiataway, NJ
Tel: 445-2292

**Eating Disorders
(Anorexia Nervosa, Bulimia Nervosa)**
General Pone: 932-2292

**American Anorexia
/Bulimia Association**
133 Cedar Lane
Teaneck, NJ 07666
Tel: 201-836-1800

Carrier Foundation
PO Box 147
County Route 601
Belle Meade, NJ 08502
Tel: 908-874-4000

**Center for the Study
of Anorexia and Bulimia**
Div. of Institute for Contemp. Psychotherapy
1 West 91 st St.
New York, NY 10024
Tel: 212-595-3449

**Center for the
Treatment of Eating Disorders**
514 S. Livingston, NJ 07039
Tel: 201-740-1262

**Columbia Center
for Eating Disorders**
38 61st St.
New York, NY 10021
Tel: 212-960-5751

**Eating Disorders
Program**
Monmouth Psychological Associates
623 River Road
Fair Haven, NJ 07704
Tel: (908)530-9029

National Anorexia Aid Society
1925 E. Dublin-Granville Rd.
Columbus, OH 43229
Tel: 614-436-1112

Overeaters Anonymous
St. Peters Medical Center
Room 37G
New Brunswick, NJ 08903
Tel: 908-388-8998

The Renfrew Center
475 Spring Lane
Philadelphia, PA 19128
Tel: 215- 482-5353

St. Claires Hospital
Denville, NJ 07834
Tel 908-316-1846

Somerset Medical Center
110 Rehill Ave.
Somerville, NJ 08876
Tel: 908-219-7991 ext. 2860

Enciclopedia
alimentaria

Todo lo que necesita saber sobre nutrición

Cada alimento cumple una función nutritiva específica dentro del organismo. En las siguientes páginas encontrará un análisis exhaustivo de las virtudes de cada uno de los grupos alimenticios que conviene incorporar a un plan nutricional para que éste sea perfectamente equilibrado.

LAS PROTEINAS

Para que el organismo humano conserve la salud, la necesidad proteica mínima se fija en 1 gramo por cada kilogramo de peso corporal. Así, por ejemplo, una persona de 60 kilos necesita un equivalente proteico de 60 gramos de proteínas al día. La máxima concentración proteica se halla en la carne, de cualquier clase (aunque las carnes magras sean, en porcentaje, más ricas en contenido proteico).

Es falsa la difundida teoría que asegura que el organismo que envejece no necesita proteínas. Está demostrado que tiene necesidad de ellas y que las de la carne (si se trata de carne de primera, desde el punto de vista nutricional) son las mejores también para el anciano. Señalemos que -como explicamos anteriormente- la fuente de las proteínas no está sólo en el mundo animal. Existen proteínas vegetales, más complejas de digerir, de menor calidad que las animales. Existen, además, proteínas en los productos lácteos, en los huevos, en el queso. Los recién nacidos necesitan en los primeros tres meses de vida dos gramos de proteína por cada kilogramo de peso corporal. Veamos sus principales fuentes.

LAS PROTEINAS ANIMALES

CARNE VACUNA

La carne de ternera es la de contenido proteico más alto, aunque son pocos los países en los que se comercializa esta carne, debido a su alto costo. Sin embargo, bien sabemos que no es el caso de la Argentina, Chile o Uruguay, donde las carnes vacunas constituyen el alimento básico de cualquier menú familiar.

Hablando de carne, además de su composición química a base de aminoácidos (esenciales y no), sales de hierro, fósforo, cobre, etcétera, vitaminas y grasas, hay que tener en cuenta su asimilación por parte del tubo gastrointestinal y su digestibilidad ya que al estar formada por fibras musculares "*cortas*", la carne es más asimilable que otras fibras digestivas.

HUEVO

Si un huevo fresco pesa entre 55 y 65 gramos, es bueno tener presente que su potencial energético nutritivo equivale prácticamente al de la misma cantidad de carne de ternera. Los huevos pueden ser un alimento ideal y muy útil cuando son frescos. El huevo es un valioso alimento para los niños, que el pediatra permite desde el sexto mes de vida, en cantidades preestablecidas. Este alimento es también muy valioso para los adultos, sanos o enfermos, convalecientes o enfermos crónicos. Pero, sin duda, deben evitar el huevo aquellas personas que sufran a causa de una alergia intestinal. ¿Y quiénes tienen transtornos hepáticos? Es falso que el huevo haga daño al hígado. En realidad, el huevo es rico en factores desengrasantes de la célula hepática. Como se sabe, se emplea asimismo para enriquecer algunos alimentos como, por ejemplo, las pastas o los panes dulces.

JAMON

Para analizar el tema de los fiambres hemos elegido al más importante de ellos, el jamón crudo, ya que resulta ser de los más sabrosos, digestivos y ricos en sustancias energéticas.

Una alimentación que incluye el jamón proporciona un aporte dietético formidable y racional; porque las fibras del jamón son de muy fácil digestión y asimilación por el tubo gastrointestinal. Por eso está indicado en las dietas clínicas altamente calificadas para ancianos, en los diferentes menúes de los centros de internación. La creencia de que la grasa (la parte grasa del jamón) es altamente dañina para el organismo, carece de fundamento porque mezclada con la parte roja resulta muy digestiva y asimilable.

PESCADO

Todos pensamos que un buen bistec ó churrasco es el alimento por excelencia para dar energía al organismo fatigado. Si bien es cierto que no existen dudas sobre el valor energético de la carne, es bueno aclarar que el del pescado no es menor. Su carne contiene sustancias y principios nutritivos de primer orden, las ictioproteínas, que representan proteínas comparables a las de la carne, el queso o los vegetales. Se distinguen según su contenido y porcentaje en pescados *"blancos"* y pescados *"grasos"* o azules, con porcentaje graso entre 2 y 7 por ciento. Los pescados grasos tienen mayor valor calórico, pero son menos digestivos que los blancos. Los minerales abundan en todas las variedades pesqueras. Para que el pescado conserve su elevado potencial nutritivo-energético hay que comerlo muy fresco; este requisito se vuelve fundamental a la hora de aprovechar las vitaminas (en especial la A y la D), presentes en abundancia, ya que pasado cierto tiempo tienden a destruirse. Entre los moluscos, tienen valor nutritivo las ostras y los mejillones. Sus proteínas son ricas en valiosos aminoácidos concretos, como la lisina, el triptófano y la histidina.

Desde el punto de vista del valor calórico el pescado conserva cierta jerarquía: la anguila de río posee por cada 100 gramos 261 calorías; el atún, 158; el salmón, 143 calorías; la sardina, 129 y el lenguado, 86 calorías.

Digamos, sin embargo, que todo pescado posee su *"fórmula"*, una composición bromatológica propia. Tomemos como ejemplo una porción normal de lenguado, de 120 gramos. En ella encontraremos 19,11 gramos de proteínas; 0,094 gramos de azúcares; 7,4 gramos de grasas; microdosis de vitaminas A, B, PP, C y, además, carbono, calcio y hierro. Si tomamos una trucha, encontraremos una composición similar. En los crustáceos aumentarán los azúcares. El rodaballo es un pez de carne sabrosa, muy rica también en valor energético.

El dorado tiene carnes blancas, pobres en grasas, pero muy ricas en vitaminas y es de fácil asimilación por el tubo digestivo. La lubina es un pescado magro, exquisito, que gusta mucho. Los langostinos, de buen sabor, tienen mucho calcio, fósforo y vitamina B2, así como las langostas. El atún es un pescado muy graso, con carnes óptimas y exquisitas, de mayor valor energético que los otros pescados. Por último, queremos hablar de un pescado que se ha popularizado por su precio, el *"pescado azul"*, que incluye, sobre todo, las sardinas y la caballa, y tiene carnes muy sabrosas, frescas, fácilmente asimilables. Por lo general, se lo come en conservas, pero bien vale la pena probarlo a las brasas o frito, ya que cuenta con la aprobación de todos los expertos en nutrición.

POLLO

Incluimos tanto al pollo criado racionalmente, con alimentos de primera, enriquecidos con las únicas sustancias permitidas por la ley (los *"promotores de resultados"* como un antibiótico inocuo, la *virginiamicina*) como a los pollos de corral, alimentados a trigo. Es erróneo creer que los segundos resultan mejor que los primeros. En realidad, son menos compactos y más fibrosos y por lo tanto menos digestivos.

Los aminoácidos de las proteínas de pollo son el triptófano, la lisina, el ácido glutámico, la insoglicina, la fenilalanina, la treonina y la valina.

LAS PROTEINAS DE LOS LACTEOS

YOGUR

Desde hace muchos años se reconoce el valor alimenticio del yogur.

El yogur y la leche cultivada, adicionados con fermentos lácticos representan un aspecto evolutivo de la leche misma. La acción de ambos no es tan alimenticia, en sentido estricto pero, en cambio, resulta muy útil para la fisiología del intestino. ¿De qué manera? El yogur y la leche cultivada (o leche agria) lubrican al intestino, beneficiando la flora intestinal y estableciendo un equilibrio entre las diversas especies de flora bacteriana. Con esta acción logran intervenir exitosamente sobre dos aspectos opuestos de la flora, los procesos fermentativos y los putrefactivos.

El aporte alimenticio, en sentido estricto, se limita a la lactosa, que es un azúcar simple, y a vitaminas del grupo B del ácido láctico. El yogur es un remedio natural para los problemas intestinales.

Por otro lado, el ácido láctico favorece la flora intestinal. Por último, el yogur tiene un muy notable poder de equilibrio regulador de la acidez estomacal.

LECHE

Con la leche se obtiene una comida completa y nutritiva, como afirman los técnicos de la alimentación. Sin embargo ¿Por qué una vez finalizada la etapa de lactancia consideramos que tomar leche ya no es fundamental? Los finlandeses y noruegos (que son los pueblos más longevos) son grandes bebedores de leche, así como los suizos, neocelandeses, norteamericanos, holandeses, belgas, y nórdicos en general. Sabemos, en cambio, que un latino apenas si bebe alrededor de 70 litros promedio al año, contra los 228 del noruego y los 215 del suizo.

El cerebro en crecimiento necesita algunas sustancias típicas de la leche, que contribuyen a formar la envoltura de los nervios que protege su integridad anatómica y funcional.

Aunque los adultos también necesitan leche, la gran mayoría está convencida que este alimento es poco asimilable o digestivo. Esto puede suceder rara vez cuando falta en el estómago una enzima esta ausencia es la que produce la intolerancia a la lactosa. Pero esto puede controlarse tomando leche a intervalos o añadiendo algún producto enzimático por vía oral.

El envasado de la leche es muy importante. Los recipientes especiales de cartón son mejores que las antiguas botellas, por las que pasaban radiaciones luminosas que terminaban por alterar la composición química del producto.

Los psicólogos ven en la blanca sustancia de las glándulas mamarias un elemento que simboliza la dependencia de la madre, la carencia de autonomía y de vida psicológicamente independiente.

La leche es un equivalente diametralmente opuesto al vino, que permanece como símbolo preciso, único e insuperable de fuerza y potencia viril.

Es cierto que la leche parece ser una bebida más aceptada por el paladar femenino que por el masculino; una bebida "*tierna*", que carece de esa característica de "*convocadora social*" típica de las bebidas alcohólicas, que crea con facilidad la relación interhumana.

Por último nos queda decir que la leche tiene, además, propiedades inmunológicas porque contiene inmunoglobulina del tipo A (Ig A), lactoferrina y lisozima. Por otro lado, se ha aislado recientemente una molécula de mayor actividad antiviral, -diferente de las anteriores- resistente a Phs fuertemente ácidos y relativamente resistente al calor (de modo que la leche pasteurizada conserva un gran poder antiviral).

QUESO

El queso, o mejor dicho, los quesos son los principales productos derivados de la leche. Se logran haciendo cuajar la leche en un medio ácido o por vía enzimática, mediante un caseinógeno.

La familia de los quesos es extremadamente extensa en Francia, Alemania e, incluso, en Italia.

Según su contenido en grasas, se clasifican en, quesos secos, medio grasos y grasos; y por su consistencia se distinguen entre quesos de pasta dura y de pasta blanda.

La leche, con la que se hace el queso, procede casi siempre de bovinos; en ocasiones, también de los ovinos. El fabricante de queso llega a la cuajada, con leche a una temperatura de unos 50° C, dejando como residuo el suero. Después hay que hacer la saladura y madurar el queso, según se desee comerlo fresco o curado. Para obtener unos 60 gramos de queso, se necesita no menos de 1/2 litro de leche.

El queso, en cierto sentido, representaría un formidable depósito de proteínas y grasas, que suelen conservarse por largo tiempo, sin sufrir alteraciones importantes.

Contiene grandes cantidades de vitamina A y de las vitaminas del grupo B. La principal de las proteínas del queso es la caseína; en ella abunda, en particular, la metionina, que es un factor protector del hígado. Por otro lado, en la leche encontramos fósforo y a veces hierro.

No hay comparación entre el aporte proteico del queso y el de la carne. El del queso es entre media y dos veces y media mayor. Cien gramos de queso pueden llegar a dar 380 calorías, mientras que la carne da cerca de un tercio. De ello resulta que el queso puede considerarse una alternativa de la carne, de indudable valor energético nutricional.

El queso, por lo tanto, es un alimento valioso, completo, muy natural, que aporta al organismo proteínas de alta calidad, minerales y, en particular, calcio, del que tienen mucha necesidad los niños.

Ciertos quesos son muy ricos en cloruro de sodio (los salados y picantes) y están contraindicados para los enfermos de riñón o de corazón.

En conclusión, el consumo de quesos es aconsejable en la infancia, en la adolescencia y en la tercera edad. Sobre todo en el niño, la importancia de suministrar calcio (parece demostrado que la asimilación del calcio del queso es muy superior a la de los demás alimentos que también contienen calcio), es indispensable para la formación de la estructura ósea. Tengamos en cuenta que, desde este punto de vista, 100 gramos de Gruyére cubren la necesidad cotidiana de calcio de un chico de diez años y la mitad de sus necesidades de fósforo.

El requesón tiene alto potencial nutritivo y puede compararse al queso en este sentido, y tiene quizá menos grasas (excepto si se obtiene del suero de leche de cabra). El requesón es fácilmente asimilable por el tubo digestivo y, en conjunto, debe considerarse como un derivado de la caseificación, agradable y de gran valor.

LAS PROTEINAS VEGETALES

LA SOJA

Como se sabe, la soja está muy difundida, más en Oriente que en Occidente, y es abundante en proteínas vegetales. Estas se pueden utilizar mediante un tratamiento tecnológico, denominado *"texturización"*. Se obtiene así una especie de albóndigas a base de proteínas de soja texturizadas, que aunque no a todo el mundo le gustan, son de gran utilidad para reemplazar la carne en las dietas vegetarianas.

¿Cómo se utiliza desde el punto de vista alimenticio la soja? Algunos ponen en remojo las semillas y las comen hervidas como si fuesen lentejas o garbanzos. Otros incluyen los brotes frescos en ensaladas. Pero el uso de la soja, en especial en los países de Oriente, se realiza principalmente en forma de harina. Con ella se elaboran salsas de toda clase, alimentos de horno como pancitos, galletitas y pequeñas masas dulces. En la actualidad, las proteínas de soja en polvo se incluyen también en los embutidos, cuyo aporte energético han enriquecido.

LAS HIDRATOS DE CARBONO

LOS AZUCARES

En la alimentación humana se utilizan con asiduidad azúcares simples y complejos, denominados desde el punto de vista químico monosacáridos (o monósidos) y polisacáridos (o poliósidos). Prácticamente, los azúcares más utilizados son los disacáridos y, concretamente, la sacarosa y la lactosa. Después vienen la maltosa, la glucosa, la fructosa y otros. Pero el azúcar elemental que el organismo utiliza, extrayéndolo de los azúcares complejos es indudablemente, la glucosa. Su absorción es muy rápida y representa el carburante del organismo. Se emplea la glucosa cuando los músculos se contraen por una orden del sistema nervioso, así como en cualquier proceso a escala celular, de tejido o de órgano que implique energía y consumo de calorías. Parece que la glucosa puede, además, hacer reducir el aporte proteínico (indudablemente más costoso).

El concepto puede explicarse mejor así: si se dan muchos azúcares, las proteínas cumplen la función sustancial de sustancias *"soportes"*; en cambio si no se aporta azúcares al organismo, éste consumirá entonces las proteínas. Hoy día se ha producido también un relanzamiento de la fructosa, el azúcar que procede del mundo vegetal, sobre todo de la fruta, como vehículo dulcificante. Esta es bastante rica en fructosa, como indica su nombre, pero también lo son otras sustancias como, por ejemplo, la miel.

Tanto la glucosa como la fructosa son asimiladas muy rápidamente y llegan, mediante la circulación sanguínea, al hígado, siendo redistribuidas posteriormente por cada tejido. Sin embargo, hay que tener presente que mientras la glucosa se utiliza directamente en la fase de trabajo por el organismo, la fructosa tiende, en parte, a formar una reserva de azúcar en las células del hígado. En estas células es donde se deposita y de éstas sale cuando el organismo tiene necesidad de glucosa.

CONFITURAS Y DULCES

Sobre los dulces y los azúcares en general, desde hace tiempo se viene gestando una campaña de rechazo, sobre todo en los Estados Unidos. ¿Por qué? Porque los médicos norteamericanos están convencidos de que comer dulces, tomar azúcar (caramelos, golosinas en general) provoca ese proceso tan difuso y deteriorante (debilitante y envejecedor, podríamos agregar) que se llama globalmente arterioesclerosis. Por lo tanto, los profesionales de la salud se debaten -a menudo- entre el rechazo evidente de la medicina a los dulces y su propia condición de golosos. También, los psicoanalistas se ocuparon de alimentos y manjares y les atribuyeron una clasificación *"psicológica y afectiva"*. La leche proporcionaría seguridad en uno mismo, porque remite idealmente al instante, al pecho materno; la carne asegura fuerza y vigor, y así sucesivamente. El modo de elegir un manjar se convierte en una especie de test mental. El ansioso, cuando come un alimento, traga la mejor parte, ante el temor de perderla. Pero volviendo a la glotonería de dulces, hay que decir esto: un buen degustador come un dulce manteniéndolo largo tiempo en la boca y mezclando muy bien el bolo alimenticio.

¿Qué representa en conjunto el dulce para la persona? Psicólogos y psicoanalistas responden: una recompensa afectiva. A los chicos se les dice: si eres bueno, te compro una golosina. Al adulto, al final de la comida se le ofrece el postre dulce.

Claro que la recompensa, con frecuencia, se extiende más allá de los límites del beneficio orgánico. Se puede recompensar la mente y el cuerpo con dulces a cucharadas, con cremas de repostería, con postres a base de crema chantilly. El arte de la repostería reúne composiciones de colores y gustos variados. Pero, es importante no perder de vista el valor nutricional de los alimentos a la hora de la gratificación.

CHOCOLATE

El chocolate procede de polvos de diferente composición extraídos de las semillas de cacao.

El chocolate aporta un enorme número de calorías y si se consume a cualquier hora una cantidad desproporcionada, se acaba por suprimir las comidas importantes. De cualquier modo, el chocolate tiene su dignidad como alimento conveniente, muy energético, hipercalórico, muy grato al paladar tanto de los niños como de los adultos.

Pero hay diferentes tipos de chocolates: el común, en el que prevalecen los azúcares; el fino y semidulce, donde aumenta la parte de grasas; amargo, en el que abundan las proteínas y las grasas; el clásico con leche, con aumento posterior de aporte proteico y, por último, el chocolate con nueces, avellanas o almendras, con elevado contenido de proteínas (procedentes de las frutas secas).

En todo el mundo existe la costumbre de beber el *"chocolate en taza"*.

Hay que decir que si se hace con leche entera y buen cacao, una taza de 200 gramos de chocolate aporta 200 calorías, debidas a la suma de los principios nutritivos de la leche y del cacao. Es fácilmente digestible y asimilable, bastante grato al paladar y más digestible que el chocolate puro.

Existen también los budines de chocolate y las galletitas recubiertas de chocolate que tienen un doble valor: el de unir al valor nutritivo del cacao, el de los alimentos que componen el producto de repostería.

El chocolate amargo, finalmente, es el que tiene menor aceptación por su sabor.

Las grasas saturadas contenidas en el cacao resultan valiosas en invierno o en la víspera de una competencia deportiva. El chocolate representa un *"carbón"* que ocupa poco espacio y se quema más. Recordemos que, entre los minerales, es valioso el fósforo, que alimenta activamente la célula nerviosa y el cerebro en general, así como los procesos de maduración de los glóbulos rojos y de una parte de los glóbulos blancos en la médula ósea.

Los efectos engordantes del chocolate son importantes, dado su elevado aporte calórico. Un par de chocolatines equivalen a medio plato de pastas.

Existen intolerancias al chocolate y no se puede comer a voluntad, como algunos paladares golosos y glotones desearían o como querrían todos los niños en general.

Deben cuidarse de ingerirlo los enfermos de colitis, que sufren trastornos intestinales y quienes padecen colon irritable (término con el que se designa la colitis común de origen nervioso). También, los alérgicos de tubo digestivo (los que comen un plato de pescado frito y se llenan de urticaria) con frecuencia toleran mal el chocolate. Los niños, en general, tampoco lo soportan si lo comen en exceso.

Pero aquí es cuestión de cantidad, no de calidad. Con el hígado enfermo no se debe abusar del chocolate, ya que está demostrado que un exceso de componentes del polvo de cacao tiene acción cinética concreta, tanto en la vesícula biliar (colecistitis) como sobre las vías biliares. El enfermo de úlcera tampoco lo tolera bien, ya que al tomar chocolate puede tener ardores de estómago.

Las tabletas de chocolate son muy aconsejables para quienes practican deportes activos como esquí, fútbol, tenis o ciclismo.

HELADO

En la antigüedad, el helado era una mezcla de nieve, miel y jugos de frutas. Hoy día, la elaboración de helados se realiza a escala industrial, con gigantescas cadenas de producción que permiten llegar a cada localidad y población. Con el calor y el agotamiento, el organismo humano dirige su atención a los alimentos fríos. Y, obviamente, antes que ninguno, a los helados. El helado surgió como postre dulce, pero hoy en cambio se concibe como manjar diario, para tomar a cualquier hora y es también complemento de la comida.

Si el helado es higiénicamente perfecto, fabricado con materias primas genuinas, altamente energéticas, representa un verdadero *"alimento completo"* Está formado por sustancias de fácil asimilación.

Desde el punto de vista químico, encontramos en el helado leche pura pasteurizada, con adecuada adición de sustancias proteicas, azúcares, vitaminas A y B, en ocasiones vitamina C (si el helado contiene jugo puro de limón, naranja o de fruta en general), grasas y minerales (calcio, fósforo, hierro y otros).

Ciertos inapetentes crónicos, como enfermos de pulmón, de corazón, de estómago, de colitis, encuentran en el riquísimo alimento de verano un valioso integrante de la alimentación común.

MIEL

Desde los tiempos de los romanos y de los griegos hasta hoy, la miel se considera un excelente alimento desde el punto de vista nutricional. Pero, ¿qué es en realidad la miel? Un producto refinadísimo, azucarado, que elaboran miles de abejas absorbiendo una infinidad de flores. O, mejor, absorbiendo su néctar, transformándolo después en un destilado de azúcares simples, que son la levulosa, la dextrosa y la sacarosa, en orden cuantitativamente decreciente. Y, por otro lado, una cantidad de otras infinitas sustancias valiosas, no todas —creemos- identificadas.

La miel contiene manita, una sustancia de efecto ligeramente laxante; proteínas (sustancias plásticas); poquísimas grasas; resinas y sustancias gomosas; minerales como fósforo, hierro, calcio, aluminio, magnesio, silicio, potasio; enzimas (diastasa); dextrina y hasta un antibiótico, la *inhibina*. Pero está claro que la miel pertenece al grupo de los glúcidos, porque el 75 por 100 de sus compuestos son azúcares, sustancias energéticas por excelencia.

Según la flora que rodea el hábitat de las abejas, existen muchas variedades de miel, diferentes también en su aspecto, además de su composición química. Por lo común, la miel aparece como una sustancia viscosa, de tonalidad amarillenta, brillante, de sabor muy dulce y aroma inconfundible. Puede aglutinarse en pequeños cristales que desaparecen cuando se la calienta. Es bueno tener presente que para juntar un kilo de miel, las abejas deben visitar y absorber con la ingluvies -su lengua aspirante especial- nada menos que dos millones de flores, extrayendo el néctar. Según el tipo de flor y de néctar, se pueden obtener mieles diferentes: amarillentas, azuladas, negras, brillantes. Se distinguen, además, según el lugar de procedencia, miel de campo, de bosque, etcétera. La miel es un *"alimento vivo"*, altamente activo, energético. Pero tiene también otras propiedades. Puede ser desinfectante, dado que soluciones al 20 por 100 tienen una segura acción bactericida, mientras que soluciones de miel al 10 por 100 tienen efecto bacteriostático. El organismo humano utiliza en pocos minutos la miel ingerida. Esto sucede porque en la miel los azúcares se hallan en la condición de rápida utilización, sin que deban intervenir complejos procesos digestivos.

Una cucharada de buena miel, no adulterada ni manipulada, aporta unas 200 calorías. Lo que significa que 4 ó 5 cucharadas dan las mismas calorías que 1 litro de leche pura, un enorme bife a la florentina o una gran trucha asada. En suma, la miel es un poderoso remedio antifatiga.

En la infancia, también es muy útil ya que el enorme gasto que todo niño hace de energías físicas en la fase de crecimiento y de evolución, exige materias altamente energéticas. Es un alimento que favorece la calcificación ósea. Tiene acción antianémica (las mieles oscuras, que conteniendo hierro, aportan un incremento de la tasa de hemoglobina).

La miel tendría además acciones precisas en los trastornos gastrointestinales, así como una suave acción sedante, que favorece la dentición. La miel es un alimento ideal para tener en cuenta a la hora de desayunar. Además es excelente para los estudiantes y para todas las personas que deben realizar un esfuerzo intelectual a diario, ya que la eficacia psicofísica tiende a disminuir a causa de la caída del nivel de azúcar constante de la sangre (hipoglucemia). Una vez que se ha estabilizado la glucemia, se recupera al instante el rendimiento intelectual.

Los minerales contenidos en la miel tienen poderosos efectos medicinales: el fósforo, que sirve para los procesos de atención y memorización; el calcio, como antialérgico, sedante suave; el hierro, que tiene acción antianémica; el magnesio, que alimenta al sistema nervioso central; el potasio, estimulante de la musculatura lisa (involuntaria) de las vísceras y de la estirada (voluntaria) de los músculos.

Con respecto a la obesidad, la miel actúa de dos maneras opuestas. El producto de las abejas ayuda a recuperar peso a los individuos delgados; a la vez que actúa como adelgazante (una sola cucharada puede saciar, en el momento del apetito, el hambre excesiva) en aquellos que están excedidos en kilos.

Sobre la sexualidad, los expertos hacen una conjetura interesante, aunque no del todo confirmada: la miel serviría como *"elixir del amor"*, en hombres y mujeres que atraviesan un período de inapetencia sexual.

LOS CEREALES

ARROZ

El arroz sin cascara se incluyó desde siempre en la dieta del enfermo del corazón. Es curioso recordar -asimismo- que los antiguos romanos hacían traer el arroz de Mesopotamia, no como alimento, sino como medicina. El arroz se cultivaba en Europa hacia el siglo XVI y en América hacia el XVII. Sin embargo, fueron los chinos los primeros en emplear el arroz con fines medicinales. La Oryza sativa, como lo llaman en Asia, es un elemento energético, vital y espiritual por excelencia. Ellos distinguen en cada grano de arroz un componente yang, que da una carga de energía centrípeta, mientras que la parte media, dentro del grano de arroz, resultaría yin, es decir, dotada de fuerza centrífuga. La relación yin y yang es de 5 a 1. Esta relación óptima entre yin y yang se pierde cuando el arroz se descascara. Desde hace siglos, el arroz representa la alimentación básica de muchos pueblos orientales y, prácticamente, en todos ellos este alimento viene ocupando hasta ahora el sitial de honor del pan. Es que con respecto a éste, el arroz posee una riqueza alimenticia muy superior, ya que contiene los aminoácidos esenciales, es decir, los elementos que van a formar ciertas proteínas refinadas que el organismo no logra sintetizar por sí solo.

Entre el grano de trigo y el de arroz existe una diferencia notable de minerales. El de arroz tiene bastante, mientras que el de trigo contiene muy pocos. Lo mismo ocurre con las grasas; existe un aceite derivado del trigo, pero no uno del arroz.

El arroz es, fundamentalmente, un producto a base de almidones, pero es un almidón valorado más que, por ejemplo, el de las pastas o del trigo, en cuanto los granos que lo componen tienen medidas infinitesimales que oscilan entre los 2 y 10 micrones (un micrón es una milésima de milímetro), contra los 20 a 40 micrones de los almidones procedentes del maíz y los 50 a 170 micrones de los almidones de las pastas.

En lo referente a las virtudes terapéuticas del arroz, toda madre experta sabe que una papilla de arroz puede poner en orden el intestino revuelto de un chico, principalmente cuando tiene diarrea

En Malasia, en Cuba, en Tailandia *"vitaminizan"* el arroz, enriqueciendo su poder energético alimenticio.

PAN

El grano de trigo, del que se obtiene la harina para fabricar el pan con el proceso de panificación, está formado sobre todo por almidones, es decir, glúcidos complejos; el resto está formado por una reducida parte proteica (proteínas vegetales), y por grasas en cantidades poco significativas. Se trata de grasas polinsaturadas que son abundantes en vitamina E, la de la fecundidad. Además, en el pan encontramos minerales, como fósforo, calcio, hierro; así como celulosa y glutina.

La buena calidad del pan depende, esencialmente, de la harina con la que se hace, es decir, del proceso de panificación. Ultimamente algunos panaderos han perdido el gusto por la buena elaboración, una operación que exige una buena fase de leudado y, sobre todo, una cocción racional a temperaturas en torno a los 250° C. Cuando la harina con la que se hace el pan es adulterada por la adición de otras obtenidas de cereales o de plantas no idóneas (y que se emplean sólo por su menor costo), el producto puede -además- hacer daño.

La composición del pan prevé alrededor del 70 % de glúcidos, 1 % de lípidos, y 9 % de prótidos. Después hay que tener en cuenta su humedad y su grado higroscópico. El aporte de glúcidos es muy importante y un kilogramo de pan asegura cerca de 2.500 calorías. Entre los minerales, escasean el calcio, el hierro, la vitamina Bl y algunos aminoácidos esenciales como la lisina. En cambio, es abundante el fósforo.

Un elemento importante en el pan es el *gluten*, compuesto esencialmente por dos partes proteicas denominadas fliadina y gluteína . El gluten tiene importancia porque da al pan mismo, por un proceso fisico, el característico aroma y su blandura. Existen muy pocas panaderías con características tecnológicas precisas. Entre las variedades de pan más comunes se cuenta el *"semielaborado"*, el más vendido en las pequeños negocios de elaboración casera que abundan en las actualidad, pero hoy día, incluso fábricas de pan de base industrial emplean este sistema. Se trata de un material amasado que permite un aumento del rendimiento en el producto acabado (que resultará más *"húmedo"* y de mayor producción a costa de materias primas inferiores) y un efecto estético inducido sobre el pan obtenido. En los últimos años, el consumo de productos de horno -desde el pan a todos los demás derivados (dulces y salados)-, aumentó y se enriqueció considerablemente en variedades y tipos. Además, hoy en día el pan representa todavía una parte esencial en la alimentación diaria de casi todo el planeta.

Ningún alimento simple puede considerarse completo bajo el aspecto del presupuesto fisiológico, ni siquiera el pan. Con todo, éste representa el alimento más próximo a esa suma mínima de elementos indispensables para el desarrollo y mantenimiento equilibrado del organismo. El pan, tal como se encuentra en el comercio, puede aparecer en toda variedad, sin límite de formas y tipos.

Desde el punto de vista de la digestión y asimilación, el pan es un producto óptimo, una fuente de energías y de calorías, gracias a sus componentes básicos y a sus procesos de fermentación. Como se sabe, para la panificación se emplea la levadura de cerveza (llamada así porque en un tiempo se obtenía como subproducto de la fermentación de la cerveza; hoy día se obtiene, a propósito, de mostos azucarados). Utilizando levadura se aporta al producto un contenido vitamínico del grupo B.

Desde el punto de vista alimenticio, está demostrado que el pan negro que contiene celulosa, no se asimila en el mismo porcentaje que el blanco. La presencia de salvado determina un paso muy rápido del alimento por el tubo digestivo. Por ello, se expulsa un mayor porcentaje de alimento y ello representa una pérdida segura.

Entre los diferentes tipos de *"bizcochos"*, existen variedades menos ricas en grasa y azúcar como las galletitas para la merienda, recubiertas de chocolate y rellenas. Hay que resaltar algunos productos cada vez más vendidos como los panes dulces (hechos con harina flor, huevos, azúcar, frutas confitadas y pasas de uva), las roscas de Pascua y de Reyes (hechas con harina, manteca, huevos y levadura de cerveza), las crackers y las tostadas. Estos dos últimos se consideran sustitutos del pan, pero a diferencia de éste se digieren más fácilmente por estar más horneados y se comen en menor cantidad.

PASTAS

Las modernas fábricas de pastas logran producir, con ingredientes de primera, productos de alta calidad en sus variados procesos de fabricación. Se trata de las pastas que todos conocemos, que van de los espaguetis a los rigatoni (los dedales grandes con ranura), los fuccile, las lasagnas, los ñoquis, con modalidades técnicas totalmente reglamentarias. Es importante, sobre todo, reproducir las condiciones climáticas allí donde se produce la pasta. Esto se puede lograr mediante modernos métodos de desecación y de climatización del establecimiento elaborador.

En lo referente al valor dietético-nutritivo de las pastas, es evidente que tienen un muy alto valor energético, porque la riqueza de glúcidos en forma de almidón es muy importante y supone los 2/3 de la masa. No obstante, un 10 por 100 son proteínas alimenticias, formadas por muchos aminoácidos esenciales (los que el organismo no logra sintetizar por sí sólo, como valina, metionina, leucina, isoleucina, traonina, fenilalanina, triptófano). Son estas proteínas las que dan a la pasta un valor *"plástico"*, que naturalmente no equivale al de la carne o el pescado, pero que es importante. Si a las pastas alimenticias les falta algo, son grasas.

Los espaguetis y rigatoni no tienen grasas. Pero muchos están acostumbrados a condimentar con generosidad sus platos favoritos. Son famosas en el mundo la salsa napolitana, la pommarola, la salsa genovesa (ajo, albahaca, queso, aceite y nueces) y el pesto. Esto enriquece posteriormente la pasta con las grasas que le faltan y, sobre todo, con proteínas, cuando se recurre a las carnes grasas, el pescado, los moluscos u otros productos como aceite o manteca.

Las pastas también se mezclan con verduras trozadas finamente: son los fideos de característico aspecto verduzco, cuando llevan espinacas o rojizo si se emplean zanahorias. El agregado posterior de queso, de buen queso parmesano rallado, aumenta el aporte de sales minerales y proteínas al plato de pastas.

Y, por último, hay que hablar también de la gran difusión de las pastas con huevo. Los valores alimenticios del huevo los estudiaremos en otro capítulo, pero es seguro que mezclando huevos (6 a 8 por kg) en la fabricación de pasta se logra un notable enriquecimiento.

Es preciso hacer una última observación. El agua en que se cuece la pasta, la impregna, la compenetra en sus elementos constitutivos y aumenta entonces el valor, por ejemplo, en calcio, que no existe en las pastas cocidas al horno como canelones, lasagnas o ñoquis a la romana.

En cuanto a la relación entre pasta y obesidad, los expertos han indicado que, al estar las pastas formadas sobre todo por almidones, es decir, azúcares complejos (polisacáridos), mantienen una larga permanencia en el tubo digestivo y una asimilación más lenta. Sin embargo, cuando la pasta es de buena calidad (la que no deja mucha harina en la olla cuando se la cuela), está cocida al dente y poco aderezada, es decir, sin salsas engordantes (como las que contienen grasas animales), esos almidones se digieren normalmente. En resumen, la pasta es un alimento completo y energetizante que nunca engordará tanto como los dulces comunes. Esto sucede porque el organismo asimila de inmediato los azúcares de los dulces; en tanto que incorpora muy despacio la energía de los almidones.

Para que las pastas no engorden, sin duda se deberá cuidar el equilibrio entre el aporte calórico de la preparación y el gasto de energías que la persona realiza a diario. Pero este aspecto no es diferente cuando se comen otros alimentos. Además, es bueno tener en cuenta que las pastas achatadas -al estilo de los tallarines- son muy modestas a la hora de aportar calorías si se las compara con las infladas (que llevan leudante) como los ñoquis. En el medio se ubican las pastas rellenas, como los sorrentinos, los ravioles, los agnolotis, pero su propiedad engordante no depende de la masa, sino del relleno, y en ese caso los de verdura y ricota son los más aceptables.

LAS GRASAS

Las grasas constituyen una importante fuente de energía dentro de la alimentación humana. Proporcionan casi el doble de calorías por gramo que los azúcares y las proteínas. Pero, son menos digeribles que los otros dos tipos de alimentos, a menos que tecnológicamente se los vuelva muy asimilables. En particular, las grasas cocidas son bastante desagradables para el estómago. Además, mezclándose de nuevo con los demás alimentos en el curso de la comida, retrasan su digestión. La alimentación demasiado grasa implica digestión más lenta, incluso porque las grasas calman más tardíamente la señal de alarma del apetito.

Con todo, hay que decir que los organismos en crecimiento las necesitan y lo mismo sucede con los adultos, ya que las grasas se depositan como fuentes de energía, para los momentos en los que el organismo las requiera. Por ejemplo, la cantidad de grasa que se consume habitualmente debe aumentarse durante el invierno, para hacer frente a las necesidades energéticas y de producción de calor.

Sobre la calidad de las grasas que se deben tomar en la alimentación diaria, los dietólogos dan su preferencia a las formadas por ácidos grasos polinsaturados, en cuanto estarían dotadas de menor acción arterioesclerógena.

Analicemos cada tipo de grasa en particular:

ACEITES VEGETALES

Son grasas líquidas de origen vegetal. La principal fuente de extracción de los aceites son las aceitunas. Pero desde hace tiempo se emplean otras semillas como las de maíz, pepita de uva, girasol y muchas más. La digestión de los aceites puros de oliva y de semillas es relativamente más fácil que la de las grasas animales. Pero, también en el caso de los aceites, es importante la relación entre ácidos grasos saturados y polinsaturados. El aceite de coco y el de palma, al ser ricos en grasas saturadas, hacen aumentar los niveles plasmáticos de colesterol y fosfolípidos.

Muchos expertos en nutrición establecieron el efecto de las grasas saturadas y polinsaturadas en el organismo humano; los especialistas demostraron que si bien un gramo de ácidos grasos saturados puede subir el colesterol, esta acción puede contrarrestarse con la ingestión de dos gramos de ácidos grasos polinsaturados. En la práctica, sería preciso suministrar -racionalmente- una cantidad de grasas con relación fija entre ácidos grasos saturados y polinsaturados. Más allá de cualquier proporción matemática, queda claro que las grasas abundantes en ácidos grasos insaturados, además de representar una forma de energía para el organismo, tienen una segura acción contra la arterioesclerosis.

Entre los ácidos grasos, el linoleico representa el elemento necesario para lograr este efecto. En concreto, el aceite de maíz sería el que tiene más alto contenido de ácidos grasos polinsaturados y, por eso, se lo aconseja cuando existe una tendencia a la arterioesclerosis.

El aceite de oliva puro sigue siendo un producto de alto valor alimenticio. Es mejor usarlo como condimento y no para cocinar, ya que en este caso puede dar origen a sustancias dañinas como la acroleína o aldehído-acrílico. Otro error es refreír el aceite, porque el porcentaje de partículas dañinas aumentan en este caso.

MANTECA

Los glóbulos de grasa contenidos en la nata de la leche son los que producen la manteca, que contiene de 80 a 90 por ciento de grasas, y después albúmina, lactosa y sales minerales.

La manteca resulta más digestible que otras grasas y su tiempo de permanencia en el estómago es menor que el de éstas. Sobre sus ventajas e inconvenientes, existen tanto defensores como detractores.

De cualquier modo, la manteca tiene sin duda un valor alimenticio muy alto, reconocido por la medicina, especialmente en los períodos de crecimiento humano: infancia y adolescencia. Está demostrado que la manteca interviene en la formación de las estructuras nerviosas del niño, así como en el hígado, celulas hepáticas y vías biliares, favoreciendo una acumulación de colesterol. En realidad, las investigaciones modernas aclaran que los ácidos grasos saturados y, en particular, el mirístico, pero sobre todo el esteárico y el palmítico favorecen la agregabilidad de las plaquetas de la sangre, el proceso por el que éstas se reúnen en grupos y representan el primer eslabón de una cadena que se llama trombosis endoarteriosa. En definitiva, la manteca se puede consumir con cierta libertad en la adolescencia (más que en la infancia, porque a muchos chicos les produce acetona en el estómago y en la sangre), mientras que en la tercera edad está claramente contraindicada.

MARGARINA

La margarina se extrae esencialmente de grasas de origen vegetal, más precisamente de semillas. Es un alimento bastante bueno, pero tiene dos inconvenientes con respecto a la manteca: no contiene vitaminas, por lo que hay que enriquecerla con las mismas (en especial, A y D) y es menos asimilable en el tubo digestivo que la manteca, por lo que se digiere más lentamente. Quien sufre del estómago no la tolera muy bien. Naturalmente, para que la margarina sea aceptable y buena, es preciso que se haga con ingredientes de primera.

¿Qué es la margarina? Se trata de una emulsión que contiene una parte grasa, otra acuosa y un pequeño porcentaje de otras sustancias. Los porcentajes entre la parte acuosa y la grasa son 16 por ciento de parte húmeda y 84 por ciento de parte grasa. Las antiguas margarinas utilizaban derivados de sebo bovino, pero actualmente todos se orientan a servirse de vegetales, aceites de semillas de plantas de todo el mundo. Esta última innovación ha permitido que haya en la margarina una relación equilibrada de ácidos grasos *"insaturados"* (los que sirven contra la arterioesclerosis) como el linoleico, y ácidos grasos *"saturados"*.

Los aceites utilizados en la margarina son el de palma, de alto contenido de caroteno (la provitamina liposoluble de la vitamina A); el de coco; el de girasol; el de maíz, que tiene muchísimos ácidos grasos polinsaturados, en particular el linoleico; el de pepitas de uva, ricas en ácidos grasos polinsaturados; el de soja, el de maní y el de algodón. A veces, se emplea una sola clase de semilla para obtener el aceite con el que se produce la margarina y otras veces se usa una mezcla de aceites extraídos de más tipos de semillas. La margarina tiene una ventaja con respecto a la manteca: se puede conservar largo tiempo, incluso meses, ya que se deteriora más lentamente que las demás grasas. Quedan muchos prejuicios sobre la margarina, al parecer bastante injustificados por todo lo dicho antes.

Algunos profesionales criticaron el uso de las margarinas por su riqueza en ácidos grasos polinsaturados, afirmando que el exceso de estas grasas podría favorecer la aparición de algunas formas de cáncer. Sin embargo, los investigadores que realizaron experimentos con animales terminaron por desacreditar esa posibilidad. Otra crítica frecuente a las grasas polinsaturadas consiste en suponer que pueden aumentar la formación de cálculos en vesícula y en vías biliares. También, este prejuicio fue alejado a través de la investigación en laboratorios.

En lo referente al poder calórico, la margarina tiene ocho calorías por gramo, una menos que la manteca.

Las margarinas son productos modernos, aconsejables por su accesible producción tecnológica. Su valor es, sobre todo, hipercalórico, energético y, además, antiarterioesclerótico, en la medida en que contengan una cantidad óptima de ácidos grasos polinsaturados.

Estas propiedades hacen recomendable el consumo de margarina en la infancia y en la edad adulta, pero es de suponer que la tercera edad, la de la vejez, no logra de este producto el mismo beneficio que puede obtener de los aceites de oliva o de semillas livianas.

FRUTAS

La fruta es rica en vitaminas: vitamina A, que abunda en los duraznos amarillos y damascos; vitamina B, que se halla en las avellanas, almendras, nueces y castañas y vitamina C, que precisamente se llama antiescorbútica (químicamente, ácido ascórbico). Los pomelos, naranjas y limones son ricos particularmente en vitamina C, pero también las frutillas, higos, manzanas, uvas, etcétera.

En muchas frutas hay una fibra llamada pectina que ejerce una acción protectora de la delicada mucosa intestinal.

Todas las frutas contienen un valioso azúcar útil para todas las funciones del organismo pero, sobre todo, para el aparato muscular y para la energía que éste desarrolla; útil en el deporte y en la actividad física laboral. Se llama fructosa o levulosa.

Para ser buena, desde el punto de vista nutricional, la fruta debe estar sana. Como todos sabemos, en el campo se hace un gran uso (tal vez abuso) de sustancias contra los parásitos de las plantas, porque de otro modo, la fruta sería destruída progresivamente

Como consejo higiénico genérico, se recomienda comer siempre fruta cuidadosamente lavada, a veces cocida si aparece un poco alterada y mal conservada (en avanzado estado de maduración). Esta regla es fundamental, además, para prevenir el cólera.

Una dieta rica en fruta ofrece garantías alimenticias concretas. No pretendemos hablar de una alimentación exclusivamente a base de fruta únicamente, todos los días. La dieta de fruta puede reservarse sólo para alguna comida o cena, aisladamente, por ejemplo, por tres veces a la semana, en el almuerzo o en la cena. La cantidad que aconseja la dietética moderna oscila entre los 400 y los 500 gramos de frutas surtidas. Por ejemplo, dos manzanas y una banana; dos naranjas junto con una pera; higos frescos cuidadosamente pelados, ciruelas en conserva o frescas, mermelada de cerezas, etcétera.

Es evidente la importancia que tiene la buena fruta en la alimentación. Incluso, los enfermos pueden gozar de ella. En particular los que sufren afecciones del corazón, de hígado o de riñón. La fruta actúa sobre todo contra la retención de agua, en ese fenómeno bastante frecuente en varias patologías que se llama edema, una especie de impregnación acuosa que se localiza, en particular, en pies y piernas.

Veamos ahora, por separado, algunos tipos de fruta:

AVELLANA

La avellana es sabrosísima, tiene un alto poder calórico; contiene ácidos grasos saturados, en forma de ácido palmítico, mirístico y otros insaturados como ácido oleico y linoleico, así como proteínas, celulosa, sales minerales y vitaminas. Se come sola, como fruta seca, en postres y budines o como ingrediente del chocolate.

BANANA

Es el típico fruto tropical. Su pulpa delicada se usa mucho en pastelería y para la elaboración de helados. La banana tiene un gran valor nutritivo ya que en ella abundan las vitaminas B y C, calcio, hierro, fósforo y otras sustancias. El 20 por ciento de la pulpa está constituido por azúcares.

La banana pisada es un alimento muy adecuado para los convalecientes, por ser fácilmente asimilable y muy nutritiva. Una ventaja de la banana se debe al hecho de que se puede adquirir todo el año.

DAMASCO

Es muy similar al durazno, pero tiene más sabor, es más aromático y perfumado. Su origen es incierto, parece que procede de Armenia. Los damascos se comen frescos, secos (orejones) o también cocidos.

DURAZNO

Este fruto dulce y sabroso se puede comer crudo o preparado en almíbar y mermeladas. El sabor de este fruto lo dan los componentes aromáticos, que tienen nombres complejos como inalolo, ácido fórmico, ácido valeriánico, ácido caprílico y aceites volátiles.

FRUTILLA

Las frutillas pequeñas, salvajes, son cada vez más escasas, en su lugar se consiguen con facilidad las medianas y grandes de cultivo. En la pulpa encontramos los ácidos tartárico, cítrico y ascórbico o vitamina C.

La frutilla era en un tiempo, un fruto de temporada exclusivamente (primavera), pero el moderno sistema de producción en invernadero, permite lograr una producción que se prolonga incluso hasta el invierno.

MANZANA

En la pulpa de las manzanas, desde el punto de vista nutricional, está guardada una pequeña farmacia: vitaminas A y C, potasio, fósforo, hierro, calcio, sodio, azúcares simples, agua destilada y pectinas.

Los médicos aconsejan manzana en las diarreas infantiles, en la gota, en la presión alta, en las gastritis con escasa secreción de jugos digestivos (gastritis hipoácidas e hiposecretivas), en los esfuerzos psicofísicos del deportista (debido al potasio, fósforo y glucosa que contiene cada manzana).

Es bastante curioso señalar que la cura de manzanas da resultados diferentes, según la forma de tomarlas: con manzanas procesadas, la disminución del colesterol en sangre es de alrededor de 44 miligramos; con manzanas ralladas, de 32 miligramos, y sólo masticadas, 4 miligramos.

En otras palabras, cuanto más finamente se tritura la pulpa, tanto más se amplía la superficie absorbente de las pectinas y, según los investigadores italianos, la asimilación del colesterol.

En conclusión, el efecto de las manzanas es evidente en diferentes situaciones de enfermedad; contra la enteritis con tendencia a la diarrea infantil, contra la gota, se utiliza el jugo de manzanas (la infusión de su piel actuaría en sentido antiurémico); contra la hipertensión, la papilla de manzana; en ciertas formas alérgicas, quizá por su contenido de vitamina C, la manzana entera tendría una cierta acción benéfica. Sobre la cantidad aconsejada para estos tratamientos, los dietistas suelen indicar 200 gramos para los diabéticos, un kilo y medio para las personas con presión alta y dos kilos en los enfermos de riñón, ya que en éstos tiene la característica particular de estimular la diuresis.

NARANJA

Se trata de un cítrico, como el limón, la mandarina y el pomelo. Existen varios tipos de naranja, de pulpa más o menos roja, más o menos oscura.

La dulzura de la naranja se debe esencialmente a la sacarosa, representada en cantidades elevadas, mientras su acidez se debe a los ácidos átrico y málico.

Este cítrico, muy importante en la alimentación, puede tomarse como bebida, en forma de naranjada. Existe también naranja pura, liofilizada o congelada. Dado su alto contenido en minerales y, sobre todo, vitamina C, la naranja es útil para prevenir resfríos y se usa también como fortificante en las competiciones deportivas.

Las naranjas están contraindicadas para los enfermos de úlcera y en los de gastritis hipersecretiva. La naranja, como el limón, tiene una acción astringente sobre el intestino; sirve para controlar ciertas manifestaciones diarreicas de los enfermos de colitis. Los herboristas preparan tisanas e infusiones, a base de naranjas, para calmar la tos, así como para los dispépticos con digestión lenta y para las personas inapetentes.

NUEZ

Se trata de una fruta excelente como postre, pero usada también en repostería. En ocasiones, se mezcla con chocolate para preparar tabletas extrafinas. Tiene un enorme valor nutritivo energético, comparable al de los quesos grasos.

PERA

La acción benéfica de la pera se resume esencialmente así: al igual que la manzana, la pera es diurética, refrescante, ligeramente laxante; es aconsejable para los enfermos de hiperuricemia y para quienes padecen de artritis gotosa.

Los enfermos de colitis espástica, que tienen períodos de estreñimiento, encuentran en la pera un alimento favorable. Parece que su acción suavemente laxante se debe a las pectinas y al azufre que contiene. Se cree que la pera serviría -además- para los neurasténicos, ya que aporta fósforo al metabolismo de las células nerviosas.

Pero esta fruta no sólo es necesaria para controlar los síntomas de algunas enfermedades, ya que, por otra parte, beneficia ampliamente al organismo en crecimiento y lo fortalece. Los adolescentes deberían comer peras todos los días para asegurarse la incorporación de vitaminas A, B1, B2 y C.

UVA

Cada racimo de uva, blanca o negra, está formado por pequeños granos en los que hay piel, pulpa y semillas. Todas las sustancias energéticas alimenticias se hallan en la pulpa que, en porcentaje, es riquísima en agua absolutamente aséptica, sin microbios, que no llegan a pasar la piel. Disueltos en esta agua hay varios azúcares valiosos para el organismo: glucosa, levulosa, sacarosa, además de pectinas y ácido tartárico. Entre los minerales hay sulfatos, carbonatos, fosfatos, potasio, calcio, hierro, magnesio, silicio, yodo y cobalto; así como vitamina C en pequeña cantidad, vitamina del grupo B y vitamina P.

La uva es un buen activador de la función mineral, tiene propiedades diuréticas que proporcionan un beneficio cuando el agua se detiene en el intestino, algo que sucede, en particular, con los enfermos de riñón.

Hay que tener en cuenta, también, que el jugo de uva es muy pobre en sodio, el elemento químico que retiene, más que ningún otro, el agua en los tejidos como una esponja. Y en los enfermos de hígado, que presentan una insuficiencia hepática -ligera o grave- con dificultades digestivas, en especial ante las grasas, hinchazón abdominal, pesadez en la zona costal derecha, náuseas, estreñimiento, hemorroides, eccema, pruritos, etcétera, la uva actúa favorablemente, tanto por el aspecto diurético como por el metabólico. De hecho, los azúcares que hemos indicado antes, protegen y nutren eficazmente la maltrecha célula hepática.

La uva tiene efecto tónico y reconstituyente para el tejido muscular. Quizá porque es abundante en potasio, un mineral que estimula el tono de las masas musculares, favorece las contracciones, y excita el más importante de los músculos del organismo, el miocardio del corazón. Sobre los otros componentes, hay que resaltar que el calcio es indispensable para muchos procesos orgánicos, siendo valioso para la formación de los huesos (en especial en los niños), donde se une al fósforo para producir fosfato de calcio. Este fosfato forma parte de ese importante mecanismo de defensa que es la coagulación sanguínea, actúa como sedante sobre el sistema nervioso y tiene un efecto antialérgico. En la uva encontramos otro elemento—el hierro— indispensable para la formación de los glóbulos rojos y de su sustancia colorante.

Unos pocos racimos de uva al día, bastan para asegurar al organismo la cantidad diaria de hierro que mantiene lejos a la anemia.

VEGETALES

Aunque los cereales pertenecen indudablemente al mundo vegetal, existe una variedad de alimentos que se conocen directamente con el término de vegetales u hortalizas: las legumbres, las verduras y las frutas. Este grupo tiene una enorme importancia en la alimentación humana, por su aporte proteico (proteínas vegetales) y, sobre todo, por su riqueza en sales minerales, fibras no comestibles (pero útiles al organismo) y vitaminas.

Hoy se sabe, gracias a los modernos estudios bioquímicos y de la ciencia de la alimentación, que el análisis químico de los vegetales es intachable y que éstos tienen un valor energético nutritivo, igualmente excepcional. Las diferentes verduras, la fruta, las hortalizas, las legumbres son ricas en casi todas las vitaminas, en azúcares y en proteínas.

También, se sabe que los vegetales contienen grasas. Es más, de los 600 tipos de grasas alimenticias conocidas, 420 pertenecen al reino vegetal. Hay que señalar que las grasas vegetales tienen la ventaja de contener ácido linoleico que posee virtudes terapéuticas seguras, por su efecto desengrasante sobre el corazón y las arterias, una acción antiarterioesclerótica general.

En conclusión, una alimentación debe ser rica en vegetales asegura un estado nutricional perfecto al organismo.

LEGUMBRES

Son plantas de un elevado consumo, y pueden emplearse enteras o sólo en parte (casi siempre, la legumbre tiene una vaina). La ventaja de las legumbres es poseer vitaminas, sales minerales en abundancia y celulosa que, al ser fibra bruta, forma una masa no asimilable por el intestino y ayuda como *"no alimento"* a los movimientos reflejos del intestino (peristalsis intestinal). Por otro lado, las legumbres contrarrestan la excesiva acidez del estómago, y hay quien les atribuye propiedades depurativas, diuréticas, emolientes, expectorantes y activadoras de la movilidad de las vías biliares.

Hoy en día, las legumbres se consumen también en purés ya preparados, o hechos en casa con la procesadora.

ARVEJAS

Las arvejas o guisantes, son leguminosas. Se pueden comer frescas, secas o en conserva. Estas pequeñas esferas -que originariamente están recubiertas por una vaina de color verde pálido- son ricas en vitaminas A, B y en ocasiones, C. Cabe señalar que las arvejas frescas pequeñas son más ricas en proteínas que las más grandes. Las arvejas secas se utilizan sobre todo en forma de puré o en las sopas y minestrones, aunque una parte de sus vitaminas se pierde en la cocción. Las arvejas frescas son más digestibles que las secas, ya que éstas fermentan en el intestino y producen hinchazón.

LENTEJAS

Las lentejas son leguminosas bastante nutritivas, porque contienen muchas proteínas, representan un plato esencial para muchas poblaciones europeas y tienen propiedades nutricionales muy afines a las de las habas.

En las lentejas, es interesante indicar su composición en aminoácidos -algunos esenciales- como lisina, histidina, arginina, ácido aspártico, tionina, serina, ácido glutámico, prolina, glicina, alanina, cistina, valina, metionina, isoleucina, leucina, tirosina, fenilalanina y triptófano.

SOJA

La soja tuvo entre nosotros una fuerte expansión de consumo hace unos años. Su popularidad se basó -con seguridad- en la comprobación de que las fibras (los componentes que actúan mecánicamente en el tubo digestivo, sin ser asimilados) disminuyen la cantidad de colesterol en la sangre, e incluso demostraron ser eficientes para combatir la diabetes. No se sabe por qué la soja tiene este último efecto, pero se piensa que, aumentando la masa intestinal, arrastra consigo al exterior y sustrae grandes cantidades de glúcidos. La soja es, además, riquísima en proteínas. Se trata, entonces, de un alimento alternativo, recomendado hoy en día por muchos expertos en nutrición. Por otro lado, hace aumentar la eliminación intestinal de esteroles, sustancias que forman el núcleo del colesterol de la sangre.

La soja, como alimento antiarterioesclerótico, se cree que es la responsable de aumentar la longevidad de muchas poblaciones orientales, vegetarianas, que desde hace mucho tiempo la usan de modo continuo y constante. De la semilla de soja se pueden obtener tres productos tan diversos como harina, leche y aceite.

HORTALIZAS

AJO

El ajo tiene acción bactericida y bacteriostática en todo el tubo digestivo. Es muy eficaz contra parasitosis intestinales, debido a la acción antiséptica de su principio activo : la alicina. Parece, por otro lado, que el ajo puede servir en las enfermedades de las vías respiratorias o del tipo supurativo.

Siempre en el intestino, estimula los movimientos reflejos (peristálticos) que hacen avanzar la masa fecal, cuando hay estreñimiento. Los alemanes utilizan el ajo (incluso en forma de cápsulas que tienen los mismos principios activos del bulbo) para curar la hipertensión; de hecho, al igual que la cebolla, el ajo tendría un efecto hipotensivo.

El ajo es, por cierto, un alimento, en el sentido de que hace sabrosos los platos (pensemos en la salsa genovesa, mezcla de aceite, albahaca y ajo) y también es un medicamento antiséptico, especialmente en el intestino.

ALCAUCIL

Los alcauciles o alcachofas son verduras muy exquisitas, tanto crudas con sus hojas bañadas en jugo de limón, como cocidas. Tienen valor energético, remineralizante y vitamínico. Su corazón, bañado en aceite, sal y vinagre, es un delicado manjar comparable a los espárragos.

Los alcauciles tienen una acción suavemente colagoga, por lo que es frecuente su empleo en bebidas aperitivas y en remedios activadores del funcionamiento hepático.

CEBOLLA

Hace tiempo que se atribuye a la cebolla, a sus aromas, a su pulpa y a sus componentes una actividad terapéutica por añadidura.

Otra ventaja de las cebollas y de sus componentes se comprueba en la circulación sanguínea, en particular en las personas hipertensas, es decir con presión arterial alta. La cebolla haría bajar la presión. También, tiene acción diurética y parece que es eficaz, asimismo, contra fenómenos de trombosis.

Los principios farmacológicos que se hallan en la cebolla (al menos los identificados) se basan principalmente en la acción del sulfuro de alilo, pero probablemente existen otras sustancias, aun no aisladas ni examinadas, que tienen un efecto diurético y curativo en el organismo.

ESPARRAGO

Por diversos motivos se trata de un nutriente excepcional. Veamos, si no, los aminoácidos que el esparrago posee: lisina, histidina, arginina, ácido aspártico, treonina, serina, ácido glutámico, prolina, glicina, alanina, cistina, valina, metionina, isoleucina, leucina, tirosina, fenilalanina y triptófano.

Además, en el espárrago existe una sustancia llamada esparraguina, causante del característico efecto oloroso-diurético. Hay, también, un azúcar particular la esparragosa y, por otro lado, la presencia de sustancias que dan al espárrago un suave efecto laxante. El espárrago tiene también efecto estimulante sobre la diuresis. Parece que este efecto se debe a la esparragosa. En cuanto a la digeribilidad de estos vegetales (y a su asimilación gastrointestinal) digamos que está en relación con la forma de cocción. De hecho, el espárrago se cocina largo tiempo con mucha agua, a fin de que sus fibras queden blandas.

No todos digieren bien los espárragos, pero cuenta

mucho el grado de cocción. Es mejor comer las puntas que el tallo.

ESPINACA

Las espinacas tienen en su composición una riqueza particular de hierro y vitamina A, por lo que son valiosas en la alimentación de los niños y de los ancianos. Pero deben descartarlas por completo quienes padecen de gota, ya que contienen dos compuestos -purinas y oxalatos- que agravan la enfermedad. Estas verduras contienen ácidos grasos esenciales, por lo que ofrecen también una efectiva acción antiarterioesclerótica.

HINOJO

Se consume crudo en ensaladas o cocido; condimentado con aceite, pimienta y sal después de volverla tierna con un hervor prolongado. El hinojo es bastante nutritivo, aunque su consumo está restringido por su estacionalidad.

LECHUGA

Existen diversas clases de lechugas (criolla, francesa, repollada, mantecosa.) y hortalizas para ensalada: la escarola (achicoria), la endivia, la radicheta, el berro, la rúcula, etcétera. Todos estos vegetales son abundantes en vitaminas y, en particular, vitamina C, así como en minerales. Aunque en general se las consume crudas, aderezadas con aceite, sal y vinagre (o limón), hay quienes las emplean cocidas. Las hortalizas tienen mucha celulosa, por lo que contienen una parte de residuos no asimilables, las fibras, cuyo valor ya fue comentado ampliamente. Se emplean en grandes cantidades en las dietas comunes y en las adelgazantes, por su sabor agradable. En general, las ensaladas forman parte de las *"guarniciones"*, platos vegetales ideales para acompañar carnes y, en ocasiones, tablas de quesos y fiambres.

TOMATE

Los tomates tienen un alto valor alimenticio por su riqueza en minerales y proteínas. Pueden servirse crudos, partidos al medio y apenas sazonados con sal, aceite y orégano; cortados en finas rodajas, en ensalada; rellenos de atún, pollo o ensalada rusa; al horno, acompañando una fuente de papas, ajíes y cebollas; fritos pasados por una masa para buñuelos o bien solos, cocidos apenas unos segundos en aceite bien caliente o hervidos, como cuando se los emplea para salsas. Citemos, por último, el jugo de tomate, que se toma como bebida, sazonado con aceite, pimienta y sal.

PAPA

La papa es un alimento valioso, ya que aporta una notable cantidad de calorías, 90 por 100 gramos. Con todo, los expertos en nutrición resaltan que no es un alimento completo, ya que contiene agua y un 18 por ciento de almidón. De todos modos, hay que señalar que posee, entre otras cosas, una notable cantidad de hierro y vitamina C. Pero para que esos componentes no se pierdan, es preciso hervirlas con su cáscara. Por lo tanto, hay que distinguir entre papas peladas y no peladas, hervidas y fritas. Indudablemente, es importante asimismo la calidad de la papa. La parte externa del tubérculo es mucho más rica en almidón que la parte central.

Las papas se asimilan mejor cuando están aderezadas con aceite ligero o con manteca (mejor con aceite de oliva genuino). La digestibilidad se facilita con la forma de cocción; las hervidas son más asimilables, las fritas no son toleradas por estómagos delicados o enfermos. Tampoco los enfermos de úlcera asimilan bien las papas fritas, y acaban por irritar su mucosa gástrica, ya de por sí inflamada. El valor calórico de la papa varía según la forma de preparación: 100 gramos de papas cocidas dan 90 calorías; 100 g de papas con manteca, 200 calorías; 100 gramos de papas fritas, 250 calorías. Está claro, por lo tanto, que el aceite influye en el incremento calórico.

El contenido de aminoácidos del tubérculo es interesante, sobre todo de los llamados esenciales. Una curiosidad dietética, apoyada con valor científico entre los médicos, es la de la papa como alimento *"antigripal"*.

REPOLLO

Todas las variedades de repollos o crucíferas (como coliflor, brócoli, repollitos de Bruselas) son vegetales ricos en celulosa, agua y muchos elementos minerales. También las vitaminas están abundantemente representadas. Se consumen, por lo general, cocidos. Su digestión no es óptima, pero discreta para quien no sufre del estómago. Sobre este tema es bueno aclarar que el consumo de repollos ayuda a prevenir enfermedades gastrointestinales. Después de hervidos se los suele comer condimentados con sal, aceite y limón; con salsa blanca y gratinados al horno; saltados con ajo; fritos, pasados previamente por una masa de buñuelos. Los repollitos de Bruselas, en cambio, se acostumbra servirlos con una salsa o en guisos con carne. Los repollos tienen sobre todo hierro, calcio y vitamina C en cantidades notables.

ZANAHORIAS

Son muy sabrosas, de color característico, digestibles, con efecto levemente colagogo, lo que las hace muy recomendables para los enfermos de hígado. Las zanahorias son abundantes en vitamina A, denominada caroteno en su forma provitamínica; contienen pectinas, que actúan bien en el intestino. Se consumen frescas, porque pasadas son poco digeribles.

Indice

SECCION 1

COMO DETECTARLA 7

Introducción
Enfermedades "de moda" 9

Capítulo 1
Adictos a las dietas 11

Capítulo 2
Los trastornos alimentarios 15

Capítulo 3
El atracón: evadirse con comida 21

Capítulo 4
Cómo detectar un trastorno alimentario 25

Capítulo 5
El terror a engordar 29

Capítulo 6
Delgados por naturaleza 33

Capítulo 7
La personalidad en crisis 37

Capítulo 8
Los primeros diagnósticos 41

Capítulo 9
Algo más sobre los hábitos alimentarios 43

SECCION 2

COMO ENFRENTARLA 51

Capítulo 10
El malestar del comer 53

Capítulo 11
Las opciones terapéuticas 61

Capítulo 12
¿Cómo se lleva usted con la comida?............ 67

Capítulo 13
La mejor forma de ayudar 71

SECCION 3

Capítulo 14
Cómo organizar una buena alimentación 81

Capítulo 15
La pirámide de la alimentación saludable........... 89

Capítulo 16
Cómo mantener el peso bajo control 91

Capítulo 17
Sepa cuál es su tipo físico............................... 95

Capítulo 18
Por qué fracasamos al hacer una dieta 97

Capítulo 19
Cómo reconocer la sensación
de hambre... 115

Capítulo 20
Sí, quiero 121

Capítulo 21
Cómo recuperar la autoestima 127

Capítulo 22
Técnicas para superar la distorsión
corporal 137

Capítulo 23
La flexibilidad corporal 147

Capítulo 24
Factor solidaridad 159

Capítulo 25
Pensar Vs. devorar 163

APENDICE

Capítulo 26
Historias de vida 181

Capítulo 27
Lo mismo que a usted 189

Agradecimientos..197

Direcciones 199

ENCICLOPEDIA ALIMENTARIA

Todo lo que necesita saber sobre nutrición....................211

TÍTULOS DE ESTA COLECCIÓN

100 Hechizos de Amor
Anorexia y Bulimia
Cábala al Alcance de Todos
Cómo Leer el Aura. *Orus de la Cruz*
Cómo Leer las Runas
Contador de Calorías
Diccionario de los Sueños
El Arte de la Guerra. *Sun-Tzu*
El Evangelio según el Espiritismo. *Allan Kardec*
El Libro de los Espíritus. *Allan Kardec*
El Libro de los Mediums. *Allan Kardec*
El Mensaje Oculto de los Sueños
El Simbolismo Oculto de los Sueños. *Zabta*
Esoterismo Gitano. *Perla Migueli*
Fe en la Oración. Ilustrado
Hechizos y Conjuros
Kama Sutra. Ilustrado. *M. Vatsyáyána*
Las Enseñanzas de la Madre Teresa
Las Profecías de Nostradamus
Los Planetas y el Amor
Los Secretos de la Bruja 1. Manual de Hechicería
Los Secretos de la Bruja 2. Manual de Hechicería
Los Sueños. *Morfeo*
Magia con Ángeles
Magia con Velas
Manual contra la Envidia. *Pura Santibañez*
Numerología al Alcance de Todos
Reencarnación y Karma. *Luciano Lauro*
Remedios Caseros
Salmos Curativos
Ser Chamán. *Ledo Miranda Lules*
Toco Madera. *Diego Mileno*

Impreso en los talleres de
Trabajos Manuales Escolares,
Oriente 142 No. 216
Col. Moctezuma 2a. Secc.
Tels. 5 784.18.11 y 5 784.11.44
México, D.F.